W0418441

Manfred Schmidt-Brabant
Virginia Sease

Das Urwesen des Weiblichen im Mysterienstrom der Menschheit

MANFRED SCHMIDT-BRABANT
VIRGINIA SEASE

Das Urwesen des Weiblichen im Mysterienstrom der Menschheit

Beiträge zu einer neuen Familienkultur

VERLAG AM GOETHEANUM

Beim vorliegenden Buch handelt es sich um vom Verlag redigierte Nachschriften von Vorträgen, die Manfred Schmidt-Brabant und Virginia Sease vom 21. bis 23. Oktober 1997 in der Krypta der Kathedrale von Chartres gehalten haben

Gesamtgestaltung von Gabriela de Carvalho

© Copyright 1998 by Verlag am Goetheanum, CH-4143 Dornach
Alle Rechte vorbehalten

Satz: Heiko Hanekop
Druck und Bindung: Freiburger Graphische Betriebe

ISBN 3-7235-1033-7

Inhalt

Vorwort

Die Vorträge, die den folgenden Ausführungen zugrunde liegen, kamen auf Vorschlag von Teilnehmerinnen an den Hausmütter-Tagungen, die seit sieben Jahren am Goetheanum, der Freien Hochschule für Geisteswissenschaft, Dornach, Schweiz, im Rahmen der Sektion für Sozialwissenschaft stattfinden, zustande. Es war die Absicht, das, was bisher mehr vom lebenspraktischen Gesichtspunkt in den genannten Tagungen im Mittelpunkt stand, nun mehr von seiner mythologischen und mysteriengeschichtlichen Seite her zu betrachten. Als Tagungsort bot sich Chartres an, jener Ort, an dem schon aus dem vorchristlichen Raume heraus verehrt wurde: die Jungfrau, die gebären wird.

Durch ein Mißgeschick stand der zunächst vorgesehene Vortragssaal nicht zur Verfügung, so daß, nach einem vergeblichen Suchen, durch freundliche Vermittlung, die Vorträge schließlich in der Krypta der Kathedrale mit über hundert Teilnehmern stattfinden konnten, gleichsam im Angesicht der dortigen Schwarzen Madonna. Schon für die Initiative und dann für die Organisation der Tagung waren Eva Kleber und Ulrich M. Kleber verantwortlich, denen die Vortragenden hiermit ihren tiefen Dank für den Einsatz und die Arbeit aussprechen möchten.

Virginia Sease *Manfred Schmidt-Brabant*

Manfred Schmidt-Brabant

Eva in Tradition und Legende

Der Ort, an dem, wie durch einen Zufall, die Vorträge stattfinden konnten, die Krypta der Kathedrale von Chartres, kann Bewußtsein und Erinnerung zurückführen in eine Zeit, in der das Wesen der Frau, das Wesen des Weiblichen, in ganz anderem Zusammenhang mit Erde und Kosmos gesehen wurde als in späteren Zeiten. Die Geistoffenheit der Menschen jener Zeit konnte sich noch in Welten hinausahnen und -fühlen, in denen man die wirkenden Gottheiten erlebte. Und in diesem Erleben dominierte in der Götterwelt das Wesen des Weiblichen, viele Göttinnen bevölkerten die geistige Welt – ja, es waren Göttinnen, weibliche Urgottheiten, aus denen Kosmos, Götter und Menschen hervorgegangen waren. Und so war in den alten Mysterienkulturen die Bedeutung der Frau als Priesterin und Kulttragende etwas wie ein unmittelbarer Abglanz des göttlich-kosmischen Urwesens der Frau. Nur unzulänglich ist gewöhnlich die Bezeichnung jener Kulturen als Matriarchate.

Dann kam der Umschwung; bereits in der griechischen Welt, besonders aber dann im Römischen Reich erhebt sich das Patriarchat zu seiner bis in die Gegenwart führenden Rolle. Juristisches Denken und Rationalität verdrängen die Dominanz des Geisterlebenden Mysterienbewußtseins und seiner weiblichen Grundtingierung.

Mit der neueren Gegenwart beginnt wieder ein tieferes Verständnis für das «Urwesen des Weiblichen». Wie ein erster Meilenstein erscheint 1861 in Basel von Johann Jakob Bachofen «Das Mutterrecht» (später bekannter unter dem Titel «Mutterrecht und Urreligion»). Bachofen geht davon aus, daß das vorherrschende Geschichtsverständnis eine Folgeerscheinung der patriarchalischen Grundkonstitution der abendländischen Gesellschaft sei und daß diese Konstitution keineswegs eine primäre Form darstelle, sondern erst später die vorangehende matriarchalische Weltdeutung abgelöst habe. Auch wenn einzelne Thesen dieses Buches später kontrovers diskutiert wurden, hat es eine bis in die Gegenwart ausstrahlende Wirkung gehabt. Es folgte die politisch-soziale Emanzipation der Frau und alles, was sich daran anschloß, bis hin zur denkbar breitesten Auffächerung heutiger esoterisch-mystischer Strömungen weiblicher Spiritualität.

Nun setzt ein neues Mysterienverständnis für das «Urwesen des Weiblichen» voraus, daß die Einschränkung, die entsteht, wenn aus dem gewöhnlichen Sinnesbewußtsein geistig Wesenhaftes erfaßt werden soll, nicht übersehen wird.

So hatten die verschiedenen alten Mysterienkulturen ihren jeweils ganz spezifischen Zugang zu «ein und demselben» hierarchischen Wesen; die Göttin der

Liebe war den Ägyptern Hathor, den Griechen Aphrodite, den Römern Venus, den Sumerern Inanna, der christlichen Esoterik Anael, der Erzengel. Man kann die Bilder dieser Göttinnen nicht einfach gleichsetzen; denn jeder Kultur oder Religion erschließt sich aus dem Gesamtsein eines solchen Wesens nur *ein* spezifischer Aspekt.

Eine andere Vorbedingung, um zu einer richtigen Einschätzung des Weiblichen als kosmischer Qualität zu kommen, besteht in einem tieferen menschenkundlichen Verständnis des Erkennenden selbst. Dazu gehört, daß der Mensch durch wiederholte Erdenleben geht und in der Regel männliche und weibliche Inkarnationen sich abwechseln. Das kann sich bis in die empfindende Sprechweise ausdrücken, indem man nicht sagt «Ich bin eine Frau», sondern «Ich bin jetzt eine Frau».

Eine andere, durch Rudolf Steiner erstmals aufgezeigte Besonderheit der menschlichen Konstitution ist, daß neben der geschlechtsbestimmten Prägung des physischen Leibes der Mensch in seinem Lebens- oder Ätherleib das andere Geschlecht in sich trägt: Der Mann hat einen weiblichen Ätherleib, die Frau einen männlichen.

Man darf nun aber nicht glauben, daß es einer Frau so ohne weiteres leichter fällt, zum Mysterienwesen des Weiblichen vorzudringen; denn sie muß zunächst den Mann in sich überwinden, der Mann seinerseits muß die Frau in sich suchen, um das Wesen des Weiblichen zu verstehen.

So wird mit diesen Betrachtungen folgendes angestrebt:

1. Durch das Wesen des Weiblichen Zugang zum Mysterienhintergrund der Menschheits- und Erdgeschichte zu gewinnen.
2. Vom menschlich Weiblichen aus das kosmisch-göttliche Weibliche zu verstehen.
3. Von diesem Kosmisch-Göttlichen her das Irdisch-Menschliche gerade auch der Familienkultur neu zu befruchten, zu vertiefen und zu erweitern.

Eine Mysterienbetrachtung des Weiblichen wird mit der Gestalt beginnen müssen, die für die drei großen monotheistischen Religionen in so eigenartiger Weise am Anfang des Menschengeschlechtes steht: «Eva».

Nun bringt aber bereits die Bibel einen merkwürdigen Doppelanfang. Im 1. Buch Moses 1,27 heißt es: Gott schuf den Menschen «als Mann und Frau», was laut Rudolf Steiner als «männlich–weiblich» aufzufassen ist[1], und es gab immer eine Tradition, die diesen ersten Menschen als androgyn betrachtete. Manche wissende Künstler des Mittelalters haben ihn so gemalt, wie zum Beispiel Meister Bertram in seinem Schöpfungszyklus.

Dann kommt im 1. Buch Moses eine Art zweite Schöpfung: «Gott machte den Menschen aus einem Erdenkloß und blies ihm ein den lebendigen Odem (2,7) ... Es ist nicht gut, daß der Mensch allein sei; ich will ihm eine Gehilfin machen, die um ihn sei

(2,18) … Und Gott baute ein Weib aus der Rippe des Adam (2,22) … Und Adam hieß sein Weib Eva, darum daß sie eine Mutter ist alles Lebendigen (2,23).»

Während das erste Bild vom androgynen Menschen nur wie ein zarter, verborgener Strom durch die christliche Ikonographie geht, hat die zweite Schöpfung zu einer reichen Bilderfülle geführt: Wie Gott aus einer Rippe Adams Eva schafft.

Und in unübersehbarer Fülle verbreitete sich jenes Bild, das die Stellung der Frau, wenigstens im abendländischen Raum, lange Zeit so unheilvoll bestimmen sollte: das Bild des Sündenfalls, wie die Schlange Eva verführt und Eva dann den Adam. Dem Abendland wird eingeprägt: Die Frau ist die Verursacherin des Sündenfalls und damit aller Übel des Lebens. Begleitet wurde dieser vielfältige Bildeindruck durch Texte wie die Stelle im ersten Brief des Paulus an Timotheus (2,11–14): «Ein Weib lerne in der Stille mit aller Untertänigkeit. Einem Weibe aber gestatte ich nicht, daß sie lehre, auch nicht daß sie des Mannes Herr sei, sondern stille sei. Denn Adam ist am ersten gemacht, danach Eva. Und Adam ward nicht verführt, das Weib aber ward verführt und hat die Übertretung eingeführt.» Das führte dann zu jenem «Mulier taceat in ecclesia» (1. Kor. 14,34) – «das Weib schweige in der Kirche» – der Ausschluß aus der priesterlichen Tätigkeit; aber darüber hinaus dann zu weitreichenden Diffamierungen. So Tertullian: «Weib – du solltest stets in Trauer und Lumpen gehen, deine Augen voll Tränen.

Du hast das Menschengeschlecht zugrunde gerichtet.» Oder Hieronymus: «Das Weib ist die Pforte des Teufels, der Weg des Unrechts.»[2]

Beide Bilder: Eva als Zweitgeschaffene aus Adam und Eva als Verderberin des Menschengeschlechts durch den Sündenfall, haben das exoterische Bewußtsein der christlichen Welt tief geprägt. Es wird später zu betrachten sein, von welchem Geist diese Diffamierung der Frau ausging.

Eine ganz andere Welt öffnet sich in der esoterischen Überlieferung zum Beispiel in der Tempellegende, die auf Christian Rosenkreutz zurückgeht. Rudolf Steiner hat sie mehrfach wiedergegeben; aus einer Fassung sei hier der Anfang zitiert: «Im Beginne des Erdenwerdens stieg aus geistigen Höhen einer der Lichtgeister oder Elohim herab und verband sich mit Eva, der Erdenmutter. Aus dieser Verbindung erstand Kain, der erste Erdenmensch ... Dann stieg ein andrer der Lichtgeister, Jahve, aus geistigen Höhen herab und bildete aus dem atomisierten Erdenelemente (Erdenstaub) den Adam. Aus der Verbindung des Adam mit Eva erstand Abel, des Kain Stiefbruder.»[3]

Dahinter verbirgt sich das esoterische Bild der Evolution. Die Erde hatte, bevor sie die heutige mineralische Form bekam, drei Vorstufen: einen reinen Wärmezustand: der alte Saturn; einen Zustand, in dem zur Wärme, Licht und Luft (Gasförmiges) hinzukamen: die alte Sonne, und einen dritten Zustand, in dem Wasser und Chemismus zu dem übrigen traten: der alte Mond. In diesen Vorstufen der Erde, und damit auch der Erdenmenschheit, hatte sich zugleich mit den Vorstufen der heutigen Naturreiche eine Art «Vormensch» gebildet, noch ohne selbständiges Seelenwesen, noch ohne Ich. Dieser Vormensch, und mit ihm der ganze alte Mond, war weiblich; es gab nur dieses eine «Geschlecht».

Zwischen den einzelnen Vorstufen der Erde lagen Zustände, in denen der bereits erreichte Entwicklungszustand wieder in ein rein geistiges Sein zurückging (Pralayas).

Aus diesem geistigen Sein, in dem gleichsam alle Entwicklungsergebnisse der Vorstufen enthalten waren, ging dann als viertes die Erscheinungsform der Erde hervor. In ihr waren Mensch (Menschheit) und Erde noch eine Einheit. Erst später wurden aus diesem Einheitlichen die Naturreiche nach und nach herausgesetzt. Dieses erste Zeitalter der Erde, die polarische Menschheit, nennt man in der Esoterik «Eva»; Erde und Mensch waren wieder, wie schon auf dem alten Mond, nur weiblich. Rudolf Steiner sagte darüber: «Wenn es heißt, daß der Elohim sich mit Eva verband, so müssen wir nicht glauben, daß unter Eva irgend etwas Ähnliches verstanden wird wie die gegenwärtige Frau. Eva war die Menschheit der polarischen Rasse, eine von der heutigen Menschheit ganz verschiedene, nämlich eine viel einfachere.»[4]

Mit diesem Bild aus der esoterischen Legende wird auch der Hintergrund dessen deutlich, was mit der «Sünde» Evas gemeint war. «Als die Menschen in ihr Dasein auf der Erde eintraten, traten sie aus einem geistigen Zustand in einen sinnlichen Zustand ein – durch Eva. In Eva sah man jenen Zustand, wo die geistige Menschheit physisch wurde, und daher auch sündhaft.»[5]

Damit beginnt eine Entwicklung, die zu drei Erscheinungsformen von «Eva» führt. «In der zweiten oder hyperboräischen Epoche durchdrangen die Sonnengeister diese dunkle Eva mit Licht, und diese Sonnenstrahlen enthielten nicht nur Licht, sie enthielten auch Nahrung, und was nicht als Nahrung verbraucht wurde, um die Menschheit oder Eva zu ernähren, war verfügbar zum Zwecke der Fortpflanzung, und auf diese Weise entstand Kain aus der Verbindung des Elohim mit Eva.»[6]

In dieser zweiten Epoche ist der Mensch androgyn; in das weibliche Eva-Wesen der Menschheit beginnt sich ein männlicher Anteil einzulagern. Zugleich beginnt in dieser Epoche das Heraustreten der einzelnen Naturreiche aus dem bisher gemeinsamen «Eva-Zustand». In diesen Naturreichen, insofern sie Fortpflanzung enthalten, wirkt zunächst auch das androgyne Prinzip; die Vermehrung geschieht durch Sprossung.

Dann entsteht der dritte Eva-Zustand. Darüber Rudolf Steiner: In der dritten, der lemurischen Epoche, «erschaffte der Elohim Jahve … den Adam, das heißt: er teilte die Menschheit in Geschlechter, und wenn es heißt, daß Adam die Eva ehelichte, so bedeutet das, daß die beiden Geschlechter sich vereinigten zum Zwecke der Fortpflanzung, und aus dieser Verbindung entstand Abel».[7]

In dieser dritten Epoche, der lemurischen Zeit, beginnt nun die Begabung der Menschen mit dem Ich, der nun bleibenden individuellen Entelechie. Es sind die Elohim, die aus ihrer Wesensfülle Ichheit in die einzelnen Menschen hineinsenken. Dies war erst dann möglich geworden, als die Geschlechtertrennung eingesetzt hatte; denn Ich-Begabung eines Wesens setzt voraus, daß dieses Wesen Liebe entfalten kann. «Das war nun die Aufgabe der übermenschlichen Naturen, daß sie den jungen Menschen ihren eigenen Charakter, den der *Liebe* aufprägten ... Es entstand dadurch die *sinnliche Liebe.* Diese ist daher die Begleiterscheinung des Wirkens der Seele in einem männlichen oder weiblichen Leibe. Die sinnliche Liebe wurde die Kraft der physischen Menschenentwickelung. Diese Liebe führt Mann und Weib zusammen, sofern sie physische Wesen sind.»[8] Zugleich wurde dadurch etwas geschaffen, was den Göttern selbst zugute kam: Die Götter «nähren sich von unserer Liebe ... Die wirkliche Bedeutung von Nektar und Ambrosia, der Nahrung der Götter, ist die Liebe des Mannes und der Frau. Es ist dies der Ausdruck einer okkulten Tatsache.»[9]

Nun schiebt sich in dieses Bild der esoterischen Legende eine andere Gestalt, ein Rätselwesen: Lilith, Adams erste Frau.

Die Legenden sagen von ihr: Gott schuf Adam und Lilith, und sie waren aneinander gebunden. Lilith reißt sich los, ihr wachsen Flügel, sie flieht in die Wüste und hat täglich Hunderte von Kindern mit Luzifer, die sie aber immer wieder gleich tötet. Adam jammert über seinen Verlust, und so macht Gott ihm aus der Rippe die Eva. Darüber wird Lilith eifersüchtig, sie verabredet sich mit Luzifer, und vereint als Schlange verführen Luzifer und Lilith Eva und durch sie Adam.

Schon 3000 v. Chr. ist im Zweistromland die Gestalt der Lilith belegt als fürchterliche Dämonin, gegen die Abwehr-Amulette und ähnliches angefertigt werden.

Hinter dieser Legende verbirgt sich ein bis heute außerordentlich einschneidender Vorgang. Als der Vormensch aus der Entwicklung vom alten Mond auf der Erdenstufe erschien, bestand er aus den bisher entwickelten drei Wesensgliedern: Physischer Leib, Lebens- oder Ätherleib, Seelen- oder Astralleib. Damit ihm nun auf der Erde ein Ich eingepflanzt werden konnte, mußte im Menschen eine wirkliche Seelenveranlagung geschaffen werden. Das geschah durch eine Gruppe hierarchischer Wesen, die eine Stufe unter den Elohim stehen, die Archai, Geister der Persönlichkeit. Sie schnürten einen Teil des Astralleibes ab und gaben ihm die Anlage zur seelischen Persönlichkeit. In diese Anlage konnten später die Elohim das Ich senken.

Nun gehört es zu den hier noch zu besprechenden Eigenheiten der Evolution, daß in ihr nicht nur Wesen sich aufwärts entwickeln und vorankommen, sondern daß auch immer Wesen aller hierarchischen Bereiche zurückbleiben und in ihrer Entwicklung unter ihr vorgesehenes Niveau sinken. Sie werden dadurch für die reguläre Evolution zu Störfaktoren mannigfaltiger Art.

So waren schon vom alten Saturn an Gruppen von Archai zurückgeblieben. Sie wurden in ihrem Wirken mehr und mehr zu Gegnern und Widersachern der regulären Archai; man nennt sie auch Asuras.

Als nun die Erdentwicklung beginnt, ahmen diese Asuras die Tätigkeit der regulären Archai nach. Auch sie schnüren Teile des Astralleibes ab und bilden daraus eine Seelenanlage. Aber diese Seelenanlage ist durch den Charakter der Asuras nicht in der Lage, später ein Ich aufzunehmen. Es entstehen im Entwicklungsgang der Menschheit Ich-unfähige und dadurch ichlose menschliche Seelenwesen. Die gleichsam oberste Wesenheit dieser Asuras ist Lilith, und sie wird nun durch die Menschheitsgeschichte hindurch die Herrscherin über diese ichlosen Seelenwesen. Diese Wesen haben eine außerordentlich große Affinität zur bloßen Sexualität. Das Mittelalter kannte sie als Inkubi und Sukkubi, und es gehört mit zum esoterischen Verständnis unseres Zeitalters, wahrzunehmen, wie in ihm die Herrschaft der Asuras und damit Liliths zunimmt.

Wenn in diesem Zusammenhang von Sexualität gesprochen werden muß, ist allerdings eine gewisse Abklärung notwendig. Rudolf Steiner äußert sich über Liebe, Erotik und Sexualität folgendermaßen: «Man erkennt den Genius der Liebe, man hat die durchgeistigte Liebe. Man erkennt den niederen Diener, die Erotik. Man fällt aber in den Dämon der Liebe. Und der Genius der Liebe hat seinen Dämon in dem Interpretieren, nicht in der wirklichen Gestalt, aber in dem Interpretieren der Sexualität durch die heutige Zivilisation ... Gerade auf diesem Gebiete können natürlich die vollständigsten Mißverständnisse entstehen. Denn was in der Sexualität ursprünglich lebt, ist durchdrungen von der geistigen Liebe. Aber die Menschheit kann herunterfallen von dieser Durchgeistigung der Liebe.» Weiter oben: «Der Dämon der Liebe aber entsteht, wenn das, was sonst gottgewollt im Menschen wirkt, durch das menschliche Denken in Anspruch genommen wird, durch die Intellektualität abgerissen wird von der Geistigkeit ... Es ist in des Menschen Macht, möchte ich sagen, daß er sein eigenes Wesen verleugnen kann. Er verleugnet es, wenn er von dem Genius der Liebe heruntersinkt zu dem Dämon der Sexualität.»[10]

Gegen alles, was vom Erdbeginn an die Lilith-Kräfte sind, stellt sich ein anderes Bild: die Jungfräulichkeit Evas, der Erdenmutter.

So heißt es bei Wolfram von Eschenbach im «Parzival»:

«Die Erde war die Mutter von Adam,
Er fand sein Leben als der Erde Leibesfrucht.
Und trotzdem war die Erde eine Jungfrau,
Aus einer Jungfrau sind bisher zwei
Menschen nur geboren: Adam und Jesus.»[11]

Nun gehört es mit zu den schwierigsten Fragen einer vertieften Menschenkunde, was eine Jungfrau – besonders esoterisch gesehen – bedeutet. Solange ein Mädchen unberührt ist, ist sie offen für bestimmte Geist-Erfahrungen. Damit ist nicht Hellsichtigkeit gemeint, obwohl man bei unberührten Mädchen oft erstaunliche Sensibilität für Geistzusammenhänge beobachten kann. Sondern es ist aus einem sehr komplexen Zusammenhang von Physiologie und übersinnlichen Wahrnehmungsorganen eine unbewußte Schau für alles, was im vorwärts schreitenden Gattungscharakter der sozialen Gemeinschaft liegt, der das Mädchen angehört, vorhanden. Und andererseits können geistige Wesen, die dem betreffenden sozialen Zusammenhang besonders verbunden sind: Volksgeister, Stadtgeister und so weiter, durch die Jungfrau in den irdischen Zusammenhang hineinschauen.

So kann man verstehen, warum in der Kulturgeschichte Jungfrauen immer wieder, oft als Priesterinnen, eine so bedeutende Rolle gespielt haben. Es war eine weitgreifende Imagination des Mittelalters, daß das scheue Einhorn nur im Schoß einer Jungfrau Ruhe und Schlaf findet. Ein besonders markantes Beispiel waren die Priesterinnen der Göttin des Staates und des Hauses, der Vesta (griechisch Hestia), die Vestalinnen. Der Eintritt in den Kreis der Priesterinnen mußte vor dem 10. Lebensjahr, vor der Pubertät stattfinden. Es folgten 10 Jahre des Lernens, 10 Jahre des Priesterinnen-Dienstes, 10 Jahre im Unterweisen der Novizen. Dann wurde der Dienst vor dem Klimakterium beendet.

Für diese Priesterinnen war die Jungfräulichkeit strengste Bedingung. Im Falle einer Unkeuschheit wurde die Betreffende nicht nur lebendig begraben, sondern die ganze Stadt war für Wochen in Trauer und Scham. Die Götter waren nicht nur beleidigt, sie waren ihres Wahrnehmungsorgans, ihres Auges beraubt.

Und so kann man sagen: Die jungfräuliche Eva war offen für den Lichtgeist. Von ihr haben alle Frauen die Fähigkeit geerbt, in Jungfräulichkeit offen für den Geist zu sein. Nur ist heute notwendig das, was im Urwesen des Weiblichen Jungfräulichkeit ist, genauer zu bestimmen, denn es gilt für das Weibliche im Bewußtseinsseelenzeitalter die Dreiheit: Jungfrau – Mutter – Königin, worüber ja weiter zu sprechen sein wird.

Jungfräulichkeit ist im Zeitalter der Bewußtseinsseele ein Seelenzustand, der beim Mädchen zuerst physisch und auch vom Physischen abhängig ist. Später wird es immer mehr eine Seelenhaltung, ja eine Seelenkraft. Auch eine Mutter mit vielen Kindern kann in einer Schicht ihres Wesens jungfräulich sein.

Es wird mit zu einer menschengemäßen Erziehung der Zukunft gehören, in Elternhaus und Schule diese Seelenschicht des jungen Mädchens so zu pflegen, daß sie später, durchs ganze Leben, auch im Muttersein erhalten bleiben kann.

Virginia Sease

Das Bild der Jungfrau im esoterischen Christentum (Die Schwarze und die Weiße Madonna)

Nach den Darstellungen der vorhergehenden Betrachtung müssen wir uns die Frage stellen: Was und wer ist eigentlich die «Jungfrau» im esoterischen Christentum?

Aus der Malerei, Skulptur und Buchmalerei kennen wir unzählige Bilder der Jungfrau; außerdem gibt es viele Geschichten von Erscheinungen, von mystischen Erlebnissen, die mit der Jungfrau verbunden sind. Wenn man aber nicht katholisch aufwächst, sondern zum Beispiel im traditionellen Protestantismus in Amerika wie ich, hört man nichts von der Jungfrau – außer an Weihnachten von der Jungfrau Maria. Später trifft man vielleicht im Studium, in der Kunstgeschichte, auf das Bild der Jungfrau.

In der exoterischen Tradition gibt es eine Paradoxie zwischen der Bezeichnung «Jungfrau» und «Mutter». Rudolf Steiner hat die beiden Berichte im Lukas- und Matthäusevangelium genau verglichen und auseinandergegliedert.[12] Darauf möchte ich eingehen, aber nicht nur vom Gesichtspunkt des Jesusknaben, sondern insbesondere vom Gesichtspunkt der Mutter.

Im Lukasevangelium, das die nathanische Linie darstellt, richtet der Engel die Verkündigung an Maria. Im Matthäusevangelium, das von der salomonischen Linie berichtet, erfolgt die Verkündigung an Joseph während des Tempeldienstes. Wir kennen zahlreiche Bilder, Lieder und so weiter von der Verkündigung an die Maria des Lukasevangeliums, aber sehr wenige Darstellungen der Verkündigung an den Joseph des Matthäusevangeliums.

Mit seinen Mitteilungen über die Herkunft der beiden Jesusknaben gab uns Rudolf Steiner Einblick in ein tiefes Mysterium: Während Adam für die Menschheitsgeschichte eine Erdenerfahrung gewinnen mußte, blieb eine Schwesterseele in der geistigen Welt zurück, sie machte den Gang durch die Inkarnationen nicht mit. Mit der Geburt des nathanischen Jesusknaben tritt diese in der geistigen Welt bewahrte Schwesterseele Adams in die irdische Evolutionsgeschichte ein.

Auf der anderen Seite ist das Kind der salomonischen Linie die reinkarnierte Individualität des Zarathustra, des großen Führers der urpersischen Kulturepoche. Er war eine so hochentwickelte Individualität, daß er nach Erfüllung seiner Aufgabe in der urpersischen Zeit Teile seiner eigenen Wesenheit weitergeben konnte. Seinen Astralleib konnte er Hermes verleihen und seinen Ätherleib Moses. Dieses Jesuskind wird im Matthäusevangelium geschildert. Als das Kind mit seinen Eltern vor dem Kindermord des Herodes nach Ägypten flieht, begegnet die ihm innewohnende Zarathustra-Individualität den Kräften ihres Astralleibes und ihres Ätherleibes und nimmt sie wieder zu sich.

Die beiden Kinder wachsen in getrennten Familien mit je einer Joseph-Gestalt und je einer Mutter mit dem Namen Maria gleichzeitig auf bis zum Tempelereignis um das 12. Jahr herum. Beide Familien begeben sich zum Tempel, und in diesem Moment geschieht ein Wunder: Das Zarathustra-Ich des salomonischen Kindes zieht in das nathanische Kind ein. Danach erkennen die Eltern des nathanischen Jesusknaben ihr Kind nicht mehr, weil plötzlich eine tiefe Weisheit aus ihm spricht. Denn dieses nathanische Kind war bis dahin ein Herzenskind von einfacher Geistesart gewesen. Auch war es als Einzelkind aufgewachsen, während das Kind in der anderen Familie, die Zarathustra-Individualität der salomonischen Linie, Geschwister hatte.

Bald nach diesem Ereignis sterben drei von diesen Gestalten. Es stirbt das salomonische Kind, das jetzt vom Ich des Zarathustra verlassen ist. Es stirbt auch der Joseph, welcher Vater des salomonischen Kindes und Empfänger der Verkündigung war. Und es stirbt die junge Mutter des nathanischen Kindes. Dann vereinigen sich die beiden Familien: Der nathanische Joseph heiratet die etwas ältere salomonische Maria. Dadurch wird das Zarathustra-Ich wieder mit der ursprünglichen Mutter vereinigt, nur ist jetzt das Zarathustra-Ich in der Leiblichkeit des nathanischen Jesus, in der Leiblichkeit der in der geistigen Welt zurückbehaltenen Adam-Seele, also in einer ganz reinen Leiblichkeit.

Aus den Evangelien erfahren wir nicht, was in der Zeit nach dem Ereignis mit dem zwölfjährigen Jesus im Tempel geschah. In den Apokryphen und im «Fünften Evangelium»[13] von Rudolf Steiner wird berichtet, daß Jesus etwa vom 18. bis zu seinem 24. Lebensjahr in Palästina herumzog und im Schreinerhandwerk arbeitete. In der Zeit, als er von seinen Wanderungen zurückkehrte, starb sein Vater, also der nathanische Joseph. Seine «Stiefmutter», wie sie von Rudolf Steiner bezeichnet wird, entwickelte nun ein tiefes Gemütsverständnis für alles, was Jesus auf seinen Wanderungen erlebt hatte. Rudolf Steiner sagt: «Es wuchsen gewissermaßen im Laufe der Jahre diese Seelen, die des Jesus von Nazareth und die der Zieh- oder Stiefmutter, ineinander.»[14]

Als Jesus kurz vor dem 30. Lebensjahr steht, findet ein bedeutsames, tiefes Gespräch mit seiner Mutter statt. Er blickt auf seine Erfahrungen während seiner Wanderungen zurück und gibt seiner Erschütterung über zwei Erlebnisse Ausdruck: daß die Priester nicht mehr die hohen Lehren der Propheten verstehen und ehren und daß die Essäer versuchen, ihr Leben in allen Aspekten rein zu gestalten, dadurch die Gegenmächte Luzifer und Ahriman ausschließen, so daß diese um so heftiger die Menschen außerhalb der Essäergemeinschaft angreifen.

Diesem Gespräch, das sich bestimmt über einen längeren Zeitraum erstreckte, darf man den Charakter eines mystischen Geschehens zuschreiben. Jesu Worte flossen «zum Herzen der Mutter wie lebendige Wesen hinüber»[15], ja, ein Stück seines eigenen Ichs – des Zarathustra-Ichs – zog in ihre Seele ein. Eine weitere Wirkung dieses Gesprächs bestand darin, daß die Seele der leiblichen Mutter des Jesus von Nazareth, die Seele jener Maria, die gestorben war, sich aus der geistigen Welt heruntersenkte und sich mit der Seele der «Stiefmutter» verband. So sehen wir zwei große, ineinandergreifende Verflechtungen: Die Seele des Jesus, die das Zarathustra-Ich beherbergt, fließt in die salomonische Maria hinüber, und die Seele der anderen Mutter steigt herunter und verbindet sich auch mit der Seele dieser Maria.

Im Augenblick der Jordantaufe geschah mit der Mutter Jesu, mit der «Stiefmutter», das zweite Wunder. Sie erhielt ihre Jungfräulichkeit zurück, das heißt, ihre innere Organisation wurde wieder so, wie die weibliche Organisation vor der jungfräulichen Reife ist.[16] Sie wurde bei der Geburt des Christus, der Taufe des Christus im Jordan, Jungfrau. Das ist ein Wunder, aber es ist auch etwas, das auf alle menschlichen Seelen übertragbar ist: Wenn Christus in der Seele ist, wird die Seele wieder jungfräulich. Hier aber bezieht sich diese Wirkung auf die leibliche Organisation. Als sich das Unsterbliche der ursprünglichen Mutter des nathanischen Jesus bei jenem Gespräch herabsenkte – bereichert durch alles, was sie in der Zwischenzeit erlebt hatte –, wurden diese zwei Seelen eins, und bei der Taufe im Jordan verwandelte sich die Stiefmutter wieder in ihren Zustand vor der Pubertät. Die Stiefmutter wurde zur Hülle für die andere Mutter; die beiden kommen zusammen, werden eins. In diesem Geschehen haben wir das Urbild für die «Jungfrau» und für die «Mutter Jesu».

Nun schauen wir auf die kulturhistorischen Aspekte, die mit diesem Marienwunder verbunden sind. Zunächst ist da die enorme Marienverehrung, wie sie vom 4. Jahrhundert an besonders in Europa aufgeblüht ist. Vorerst prägte man die Bezeichnung *Virgo paritura*; das ist die Jungfrau, die niederkommen, die gebären soll. Das geht auf Jesaia zurück, der in bezug auf diese *Virgo paritura* sagt: «Die Jungfrau wird ein Kind empfangen, sie wird einen Sohn gebären, und sie wird ihm den Namen Immanuel geben.»[17] Immanuel heißt «Gott in uns», und wenn man die Bezeichnung erweitert, bedeutet sie auch «Christus in uns».

In einem Gespräch stellte Guenther Wachsmuth Rudolf Steiner die Frage, warum der Madonnenkult eigentlich erst so spät, also ungefähr ab 350 begonnen habe, und nicht gleich von Anfang an.[18] In seiner Antwort beschrieb Rudolf Steiner die Zustände der damaligen Zeit: Die Menschen, die Eingeweihten, die Kirchenväter, die Mönche erlebten in diesen ersten Jahrhunderten in der Meditation immer noch stark, wie das Christus-Wesen die Sonne verläßt und zur Erde herunterkommt. Sie hatten Erlebnisse vom Bereich der Sonne, vom planetarischen Bereich um die Sonne und sie erlebten das Erdenschicksal. Was ihnen fehlte, war die Beziehung zum Fixsternbereich, zur umhüllenden Sphäre der Sternenwelt. Erst allmählich entwickelte sich der Gedanke, daß in dieser Sternenwelt ein Weisheitswesen waltet, und es entstand die Vorstellung der *Regina Coeli*, der Himmelskönigin.

In dieser *Regina Coeli* haben sie ein kosmisches Wesen erlebt, wie es etwa in der frühen Buchmalerei dargestellt wurde: mit dem Mond unter den Füßen – ein Bild, das auch in der Apokalypse erscheint –, mit der Sonne im Herzen, mit dem blauen Himmelszelt als Mantel und dem Fixsternhimmel über dem Kopf. Im Mittelalter wurde die Imagination immer lebendiger, wie die Heilige Jungfrau als Mitregentin neben Christus die himmlischen Hierarchien anführt.

Verfolgen wir die Geschichte des Kultus und der Liturgie, kommen wir zur *Mater speciosa* – zur Mutter alles Lebendigen, zur Weihnachtsmutter. Im Oberuferer Christgeburtsspiel sehen wir, wie die Hirten ihr Dinge überreichen, die mit der Erde zusammenhängen, und die Könige im Dreikönigsspiel die Schätze der Erde darbringen.

Schließlich kommen wir zur *Mater dolorosa*, zur Pietà-Figur, zur Oster-Imagination der leidenden, duldenden Mutter nach dem Mysterium von Golgatha.

So finden wir in der christlichen esoterischen Tradition vier Schritte: die *Virgo paritura,* die *Regina Coeli,* die *Mater speciosa* und die *Mater dolorosa.*

In der gnostischen Zeit, am Anfang des Christentums, kam es zu einer Vereinigung zwischen dem vatergöttlichen Aspekt und dem Sohnesaspekt. Die Menschen erlebten Christus einerseits als Vater, als Gott, andererseits als den zweiten Adam, wobei eine Ahnung dieser zurückbehaltenen Schwesterseele Adams mitschwang. Entsprechend wurde Maria als zweite Eva betrachtet, und damit erklärt sich der bekannte Gruß *Ave Maria* – Ave ist die Umkehrung von Eva. Durch lange Zeiten war das Erlebnis einer weiblichen Muttergottheit in den Seelentiefen der Menschen wie schlummernd vorhanden.

Bereits im 5. Jahrhundert wurde auf dem Konzil zu Ephesus nach langen Auseinandersetzungen das Dogma verabschiedet, die Mutter Jesu sei als *Gottesmutter* zu bezeichnen. Diesen Namen kann man auch als *Gottesgebärerin – Theotokos* mit der theologischen Bezeichnung – wiedergeben, und damit war ein Geschehen anerkannt worden, das die Menschen tief berührte. So erhob sich großer Jubel, als der Beschluß des Konzils verkündet wurde. Aufgrund eines Restes von Hellsichtigkeit konnten die Menschen erleben, wie der Christus sich mit dem Jesus verbunden hatte, und um dieses Wunder für die Menschheit zu ermöglichen, mußte ein besonderes Gefäß als Mutter da sein. So fühlten sich die Menschen durch den Konzilbeschluß in ihren Erlebnissen bestätigt, daß die Mutter Jesu eine Gottesmutter war.

Eine Konsequenz dieses Dogmas betraf den Erdenabschied von Maria, der Mutter des Jesus. Denn wenn sie als Gottesmutter betrachtet wird, kann sie nicht einen gewöhnlichen menschlichen Tod erleiden. Diese Überlegungen begannen schon sehr früh, im 5. Jahrhundert, 6. Jahrhundert. Aber entschieden wurde die Frage erst in unserem Jahrhundert mit dem Dogma der leiblichen Himmelfahrt Mariä. In der Kathedrale von Chartres befindet sich eine Skulptur mit einer wunderbaren Darstellung dieser leiblichen Himmelfahrt Mariä.

Natürlich kann man sich fragen, wie ein Leib auferstehen kann und zu einer Himmelfahrt fähig ist. Rudolf Steiner äußerte sich dazu in einem Vortrag über Dantes «Göttliche Komödie» folgendermaßen: «Nach dem Erdenleben ist der Christus entrückt und hält seinen Triumphzug in den Fixsternhimmel ... Nur Christus und Maria konnten ihren Leib in den Fixsternhimmel mit hinaufnehmen.» Dann weiter: «Jesus und Maria hatten den physischen Leib so geheiligt, daß sie ihn in die höchsten Regionen mitnehmen konnten.»[19] Es ist etwas, womit man leben muß – es geht über das hinaus, was wir mit dem Verstand erfassen können.

Seit dem Mittelalter leben zwei Madonnenbilder nebeneinander: die helle, lichte Madonna, von der jetzt die Rede war, eine erhabene kosmische Wesenheit, und dann gibt es vom frühen Mittelalter an eine zur Erde gewandte Maria, eine Schwarze Madonna. Sie verkörpert die irdische Weisheit.

Es gibt von der Schwarzen Madonna in Europa über 450 Darstellungen. Eine der bekanntesten befindet sich in der Krypta von Chartres, das ist die *Notre Dame de Sous-Terre,* eine andere in Rocamadour (siehe Abb. S. 32).

Berühmt ist die Schwarze Artemis oder Diana von Ephesus (siehe Abb. S.33). Sie stammt aus dem 2. Jahrhundert nach Christus. Diese Figur hat ein schwarzes

Die Schwarze Madonna von Rocamadour (12. Jh.)

Diana von Ephesus (2. Jh.)

Gesicht, schwarze Hände und Füße und viele Brüste. Sie befindet sich in Neapel und wurde aus Alabaster und Bronze gefertigt. Als das Interesse für die Schwarze Madonna in unserem Jahrhundert, etwa ab 1930, immer mehr aufkam, wurde oft gesagt, alle diese Darstellungen gingen auf die Artemis-Figur von Ephesus zurück. Diese steht also am Anfang der einen Linie. Es wäre aber eine Vereinfachung, zu behaupten, die Schwarze Madonna trage bloß bei zur Weiterführung der Fruchtbarkeitskulte.

Eine andere Linie geht auf die Isis mit dem Horus-Kind zurück, die manchmal auch in dunkler Farbe erscheint.

Die allerälteste Jungfrauen-Darstellung, die es im Christentum gibt, ist die braune Figur in den Katakomben von *Priscilla* in Rom.

Aus vorchristlicher Zeit stammt das «Hohelied der Liebe», das verschiedenen Urhebern zugeschrieben wird. Ist es die Königin von Saba oder ist es eine andere Gestalt, die darin singt: «Ich bin schwarz, aber ich bin schön!» – ein Wort, das heute um die Welt geht.

Noch weiter zurück kommen wir zur Lilith-Gestalt, die in der Tradition manchmal auch als schwarz beschrieben wird. Nur ist hier die schwarze Farbe mit dem Bösen verbunden, während sie bei der Schwarzen Madonna, bei der Artemis und bei der Isis etwas Gutes ausdrückt. In der vorangehenden Betrachtung haben wir erfahren, wie grausam diese Lilith war, wie sie die neugeborenen Kinder erwürgte. Merkwürdig ist, daß in den Legenden die Schwarze Madonna die

Fähigkeit hat, sterbende Kinder so lange am Leben zu erhalten, daß sie noch die Taufe bekommen und nach dem Tod nicht im Bereich des Limbus bleiben müssen, sondern in die himmlische Sphäre hinaufsteigen können. So stellt die Schwarze Madonna im Empfinden des Volkes geradezu ein Gegenbild zur Lilith-Gestalt dar.

Am Rande sei vermerkt, daß es auch Historiker gibt, die die Ansicht vertreten, die schwarze Farbe dieser Madonnenbilder sei nicht beabsichtigt gewesen, sondern auf Kerzenrauch und Schmutz zurückzuführen. Andere behaupten, die schwarze Farbe komme daher, daß nur dunkles Holz zur Verfügung gestanden habe.

Besonders in Frankreich gibt es zahlreiche Kultstätten der Schwarzen Madonna, die auf die Merowingerzeit (500 bis 750 nach Christus) zurückgehen. Aus Mauriac, wo sich eine solche Kultstätte befand, stammt eine interessante Legende: Der erste christliche Frankenkönig Chlodwig hatte eine sehr beliebte Tochter, die Theodechilde hieß. Als sie eines Tages durch den Wald wanderte, kam sie zu einer Lichtung, wo sie eine kleine, dunkle weibliche Figur mit einem Heiligenschein fand. Sie war tief bewegt und baute für diese kleine Statue eine Kirche. Die Steine nahm sie von alten heidnischen Tempeln in der Umgebung. Sie sorgte dafür, daß immer eine Kerze vor dieser Statue brannte. Diese wurde von einer Löwin mit ihren Jungen bewacht, und wenn Theodechilde herankam, wichen die Löwen zurück. Das Licht vor dieser dunklen

Figur soll ununterbrochen bis zur Französischen Revolution gebrannt haben.

Im 9. Jahrhundert begann eine Blütezeit der Schwarzen Madonna. Wir hören, wie 888, bald nach der Befreiung Barcelonas von den Mauren, ein Wunder geschah. Hirten hörten auf dem Feld einen Engelchor und wurden durch diesen zu einer Höhle geleitet, in der sie eine kleine Madonnenfigur fanden, die, wie sie meinten, vor vielen Jahren von einem Bischof der Goten versteckt worden war, damit sie von den Mauren nicht weggenommen werden konnte.

Wir fragen uns: Wieso sollte eine kleine Statue, die irgendwo in einer Höhle gefunden worden war, so wichtig, so teuer, so beliebt sein, daß die Goten alles tun, um sie nicht in maurische Hände fallen zu lassen? Bei der Figur, die da gefunden wurde, handelt es sich um *La Maureneta* von Montserrat – eine braune Figur. In Montserrat war durch viele Jahrhunderte hindurch ein Venustempel gewesen. Ein Bischof versuchte dann, diese Statue vom Montserrat wegzunehmen; er wollte sicher sein, daß sie gut aufbewahrt werde. Aber die Statue wurde bleischwer und ließ sich nicht bewegen. In vielen Legenden wird von Schwarzen-Madonnen-Statuen berichtet, die sich nicht bewegen lassen. Wieso? Weil sie mit der Erde, auf der sie stehen, so stark verbunden sind.

Und warum sollte die Schwarze Madonna im Gefühl der Menschen so wichtig sein? Sie wurde natürlich von denselben Menschen verehrt, die auch in die Kirche gingen, die Messe hörten und die Weiße Madonna anbeteten. Das waren nicht zwei Gruppierungen von Menschen. Es ist vielleicht damit zu verbinden, daß es für die Menschen sehr viel bedeutete, als die «Mutter Jesu» als «Gottesmutter» bezeichnet wurde. Dadurch wurde sie sehr erhaben, sublim – und mit der Zeit etwas unerreichbar. Im Gegensatz dazu schaut die Schwarze Madonna nach unten, sie ist für die Erde da, für die einfacheren Menschen – sie ist zugänglicher.

Eine Chronik aus dem Jahre 1075 überliefert folgenden Bericht: In derselben Gegend – in Nuria in der Nähe von Gerona – wurde eine archaische Figur entdeckt. Nach der Überlieferung wurde Amadeus von Damaskus im Jahre 1032 von Engeln eingegeben, er müsse Damaskus verlassen und in die Pyrenäen ziehen. Die Weisung lautete, er solle an einem Ort, wo zwischen zwei Flüssen ein weißer Stein steht, einen Tempel errichten. Von Damaskus bis hinüber zu den Pyrenäen war keine Alltagsreise, aber er unternahm sie. Er sprach nur syrisch, doch die Hirten verstanden ihn, was auf eine geistig bedeutungsvolle Schicht der Legende weist: Die Hirten verstehen dasjenige, was mit der Erde, mit der Äthergeographie, mit der Schwarzen Madonna verbunden ist. Sie führten ihn an einen Berghang, wo ein brüllender Ochse hauste. Dort grub er die Erde auf und fand eine lichterfüllte Höhle, darin eine Glocke, ein Kreuz, einen Tiegel und eine Schwarze-Madonnen-Statue. Diese war nicht zu bewegen. Sie blieb dann in einer Kirche in Nuria bis zum Spanischen Bürgerkrieg, also bis in die dreißiger

Jahre dieses Jahrhunderts. Bei Kriegsausbruch wurde sie in einer Bank in Sicherheit gebracht.

Weltbekannt ist die Schwarze Madonna von Guadalupe in der Estremadura in Spanien. Auch die Geschichte dieser Madonna hängt mit den Mauren zusammen. Don Rodrigo, ein westgotischer König, wurde von den Sarazenen geschlagen, und im Sterben bat er seine Ritter, eine ihm überaus teure Statue in Sicherheit zu bringen. Die Ritter begruben diese Marienfigur und gaben davon eine geschichtlich aktenkundige Notiz. Viele Jahrhunderte später, im Jahre 1326, fand ein Kuhhirt diese Marienfigur auf, und sie war ganz wohlbehalten. Sie kam in die Obhut der Franziskaner und wurde in einen Schrein gestellt. Mit den spanischen Eroberungszügen in der Neuen Welt gelangte eine Kopie dieser Schwarzen Madonna nach Mexiko, und später wurden weitere Kopien in der ganzen Welt verbreitet.

Montserrat, Guadalupe, Estella, Le Puy und weitere Orte, die eine Schwarze Madonna haben, liegen an den Pilgerwegen nach Santiago de Compostela und wurden von den Pilgern besucht und verehrt – daß überall auch «helle» Madonnen angebetet wurden, versteht sich von selbst.

Bernhard von Clairvaux, der den zweiten Kreuzzug von Vézelay aus ins Leben rief, die Ordensregel der Templer verfaßte, den Zisterzienserorden groß machte, können wir als entscheidenden Impulsgeber für die Zivilisation Europas betrachten. Er wird aber auch oft «Sänger der Maria» genannt, was auf ein

Kindheitserlebnis zurückgeht. Er selbst berichtete, er habe drei Milchtropfen von der Brust der Schwarzen Madonna von Châtillon-sur-Seine, einer Holzfigur aus dem 12. Jahrhundert, also seiner eigenen Zeit, getrunken, was in ihm die Kraft weckte, später seine Aufgaben im Leben zu erkennen. Diese drei Milchtropfen sind verschieden gedeutet worden, zum Beispiel als ein trinitarisches Erlebnis – er trinke von der trinitarischen Weisheit –, aufschlußreich ist jedenfalls, daß er selber darin eine Vorbereitung für seine irdische Aufgabe empfunden hat.

Die Kathedrale von Chartres ist in der Geschichte der Schwarzen Madonna bekannt, weil sie die einzige Kirche ist, die zwei Schwarze Madonnen enthält. Oben im Mittelschiff befindet sich eine Schwarze Madonna mit weißem Kleid und ebenfalls weiß gekleidetem Kind: die *Notre Dame de Pilier*, aus dem 16. Jahrhundert. Sie ersetzte eine Madonna aus dem 13. Jahrhundert, die teilweise vergoldet war. Vielleicht wird diese Madonna aber an Bedeutung noch durch die *Notre Dame de Sous-Terre* übertroffen, die in der Krypta abgebildet ist. Die Ursprungslegende berichtet, daß sich das Bildnis der Jungfrau von sehr frühen Zeiten an beim Brunnen dieser Krypta befand. Es war das alte Bild der *Virgo paritura*, der Jungfrau, die niederkommen wird. Es stammte noch aus keltischer Zeit und war wahrscheinlich ein Bildnis der *Grande Mère,* also der großen Urmutter, von der in einem späteren Kapitel noch die Rede sein wird. Es war üblich, solche Bildnisse in einem unterirdischen Raum zu schützen! Auch die Schwarzen Madonnen wurden unter der Erde oder in Bäumen versteckt gefunden.

Die *Notre Dame de Sous-Terre* von Chartres wurde während der Französischen Revolution leider zerstört, aber es besteht dank einer Nachahmung aus dem 17. Jahrhundert überhaupt kein Zweifel daran, daß sie auch schwarz war. Sie hält das Kind auch zwischen den Knien wie auf der jetzigen Holzfigur in der Krypta, die aus dem Jahre 1856 stammt.

Zum Schluß wenden wir uns einem ganz anderen Kulturbereich im Osten zu. Die Ursprünge der Basilika im Jasna-Gora-Kloster in Polen sind von Legenden umrankt. Die Hauptlegende berichtet, daß der Evangelist Lukas ein Bild der Schwarzen Madonna auf einen Tisch malte, und zwar auf einen ganz besonderen Tisch, der von Jesus gezimmert worden war. Später entdeckte die heilige Helena diesen Tisch in Jerusalem und brachte ihn nach Konstantinopel. Dort wurde der Tisch mit dem Schwarze-Madonna-Bildnis bis ins 8. Jahrhundert hinein verehrt. Während des sogenannten «Bilderstreits» – man soll sich «kein Bildnis machen» – wurde das Bild als Sicherheitsmaßnahme heimlich von Konstantinopel entfernt und in einer Kapelle in Ostpolen versteckt, und zwar im Wald von Belsk. Bei einem Tatareneinfall im 14. Jahrhundert wurde die Kapelle mit dem Bild vor der Zerstörung gerettet, indem sie plötzlich in einen Nebel gehüllt war. Anschließend wurde einem Prinzen von Belsk im Traum der Auftrag gegeben, das Bild der Schwarzen Madonna nach Tschenstochau mitzunehmen. Dort steht es jetzt immer noch in der Obhut der Pauliner Eremiten.

In diesen wenigen Darstellungen, die alle etwas Wundersames ausstrahlen und eine eigene Sprache sprechen, kann man einige gemeinsame Züge, aber auch deutliche Unterschiede entdecken.[20]

Stellen wir uns zum Schluß die Frage, was sich eigentlich im Schwarz ausdrückt. Schwarz war immer die Farbe des Unglücks und des Schmerzes. In unserer Zeit wird das Vorurteil gegenüber der schwarzen Farbe, wenn sie sich auf die Hautfarbe bezieht, immer mehr überwunden, und damit wird ihr antipathischer Stellenwert in der Symbolik ganz allgemein aufgeweicht. Daß sich hier vieles drastisch verändert hat, können wir uns bewußt machen, wenn wir lesen, wie im 12. Jahrhundert Hildegard von Bingen sagte: «Weiß ist die Farbe des Lichtes und der Reinheit, Schwarz die Farbe der Finsternis und des Unreinen.»[21] Peter Abelard, eine bekannte Gestalt ebenfalls aus dem 12. Jahrhundert, versuchte seiner Freundin Heloise klarzumachen, wieso die Braut im «Hohenlied» eigentlich schwarz ist. Er milderte die Stelle, die von manchen auf die Königin von Saba bezogen wird, indem er die Bezeichnung «sonnengebräunt» verwendete. Trotzdem versuchte er, ihr gegenüber die schwarze Figur in ein richtiges Licht zu stellen, indem er sagte, die Mohrin sei «äußerlich gesehen schwarz, aber im Innern schön. In diesem Leben wird sie durch die vielen Anfechtungen und Widerwärtigkeiten leiblich niedergedrückt, sie wird äußerlich schwarz. Im

Innern aber ist die Braut weiß, gewissermaßen in ihren Knochen, weil ihre Seele stark ist in den Tugenden.»[22]

Wie die Menschen die Schwarze Madonna im Mittelalter erlebt haben, ist nicht überliefert. Aber heute wird eine Ausstrahlung stiller Erhabenheit mit Ehrfurcht empfunden, ja eine Aufforderung zu seelischer Disziplin.

Virginia Sease

Die Geburt der Kunst aus dem Urgrund des Weiblichen

Es gab auf der Erde eigentlich nie eine Zeit ohne Kunst und ohne Einweihung. Diese beiden menschlichen Bestrebungen gehören zusammen. Die Einweihung und die Mysterien hatten ihren Ursprung während der lemurischen Zeit auf dem alten Kontinent Lemurien, der sich im südlichen pazifischen Raum befand.

Man fragt sich, wie man heute etwas von den Zuständen in Lemurien wissen könne. Das ist aus dem normalen Bewußtsein nicht möglich, und man findet darüber auch nichts in den gewöhnlichen Geschichtsbüchern. Aus der geistigen Forschung heraus beschrieb Rudolf Steiner diese Zustände schon früh in verschiedenen Aufsätzen. Später erschienen seine Angaben in Buchform, in «Aus der Akasha-Chronik».

Die Menschen der lemurischen Zeiten hatten Vorstellungen von den Dingen, die sie umgaben, und den Ereignissen, die sie erlebten, aber diese Vorstellungen blieben nicht in der Erinnerung haften. Sie waren da, und wenn der Anlaß dafür weg war, waren auch die Vorstellungen verschwunden; es waren also keine Gedächtniskräfte vorhanden, und deshalb hatten sie auch keine Sprache in dem Sinne, wie wir unsere Sprache kennen. Sie hatten zwar Naturlaute, um Freude, Schmerz, Lust und Unlust zum Ausdruck zu bringen, und diese waren eine Nachahmung der sie umgebenden Naturlaute.

Die Vorstellungen aber, die sie in dem Moment hatten, in dem sie etwas wahrnahmen, waren so mächtig, daß sie von einem Menschen zum anderen übergingen. Wenn zum Beispiel ein Mensch ein wildes Tier sah, das sich ihm näherte, konnte er nicht sagen: «Paß auf! Paß auf! Ein wildes Tier!», er konnte nur Naturlaute äußern, aber seine Vorstellungskraft war so stark, daß auch die Menschen in seinem Umkreis wach wurden.

Diese Kraft war zugleich mit einer weitgehenden Beherrschung des Willens verbunden. Die Menschen konnten beispielsweise ganz schwere Lasten tragen und konnten auch die Wachstumskräfte der Pflanzen beeinflussen. Rudolf Steiner summiert diesen Zustand mit dem Ausdruck, daß der Lemurier eigentlich der «geborene Magier» gewesen sei.

Die Erziehung der Kinder war bei Knaben und Mädchen sehr differenziert. Die Knaben wurden von Anfang an auf kräftige Art und Weise abgehärtet. Sie mußten während langer Zeit große Hitze, Schmerzen sowie Hunger und Durst ertragen und Gefahren bestehen. Wenn sie diese Anforderungen nicht erfüllten, ließ man sie zugrunde gehen. Sie wurden dann für dic damalige Kultur als wertlose Menschen betrachtet. Was wir heute normalerweise als Folter bezeichnen würden, also den Körper mit spitzen Objekten durchstechen und ähnliches, war in der Knabenerziehung etwas Normales.

Bei den Mädchen war es ganz anders. Auch sie wurden in einem gewissen Sinn abgehärtet, auch sie mußten Entbehrungen aushalten können, aber auf eine andere Art und Weise. Die Hauptsache war, daß sie eine lebendige Phantasie entwickelten, mit der sie dann die Naturereignisse erleben sollten. Zum Beispiel sollten sie ohne Schutz einen gewaltigen Sturm erleben, ohne Angst davor zu haben. In ihrer Seele sollte ein Gefühl der Bewunderung für die Schönheit des Sturmes wach werden. Oder sie mußten die Männer und die Knaben im Kampf beobachten, und auch wenn diese als Bruder oder Vater in enger Beziehung zu ihnen standen, sollten sie keine Angst haben, sondern Bewunderung für die Kraft und Gewandtheit empfinden, die im Kampf zum Ausdruck kamen. Diese Empfindungen, die so in den Mädchenseelen wach wurden, waren ganz träumerisch, in Phantasien gehüllt, wurden aber in der frühen lemurischen Zeit auch nicht im Gedächtnis behalten. Sie waren im Moment des Erlebnisses vorhanden, und danach verwischten sie sich.

Diese flüchtig entstehenden Erlebnisse bildeten aber mit der Zeit die Veranlagung zur Kunst und zur Erlangung von Einsichten. Die Männer und Frauen, die sich in der lemurischen Zeit entwickelten, ragten weit über die Tierwelt hinaus. Rudolf Steiner beschreibt die Einrichtungen der lemurischen Menschen als «Hochschulen der Willenskräfte und der hellsehenden Vorstellungsgewalt»[23].

Waren die Knaben zu Männern herangewachsen, folgten sie einerseits der Lenkung der Eingeweihten, die unter ihnen lebten, andererseits den Antrieben der Natur. Die Frauen entwickelten ihre Phantasiekräfte in bestimmten Schritten weiter. Zuerst nahmen sie sozusagen «sinnend» die Naturkräfte auf, dann entwickelten sie etwas wie Keime des Gedächtnisses, indem sie den Nachhall ähnlicher Erlebnisse empfanden. Daraus wurde dann die allererste Veranlagung der moralischen Begriffe. Alles, was mit der moralischen Entwicklung zusammenhängt, ist auf diese Frauenerziehung in der lemurischen Zeit zurückzuführen. Rudolf Steiner erwähnt, daß die ersten Vorstellungen von Gut und Böse aus der Frauenart heraus entstanden seien. Nun kommt eine gewichtige Aussage: «Nur derjenige kann die Entwickelung der Menschheit richtig verstehen, der berücksichtigt, daß die ersten Fortschritte im Vorstellungsleben von den Frauen gemacht worden sind ... Hatte der Mann die Naturkräfte geschaut und ausgeübt: die Frau wurde die erste *Deuterin* derselben ... So ging von den Männern eine Wirkung aus, die mehr natürlich-göttlich, von den Frauen eine solche, die mehr seelisch-göttlich war.» [24]

Nun sehen wir, daß insofern eine ganz große Bedeutung für die Entwicklung der Menschheit dazukommt, als die Frauen auch priesterlich gewirkt haben. Alles, was sie im Innenleben, im innerlichen Leben erfuhren, konnten sie dann in eine Art Natursprache umsetzen. Es ging also die Entwicklung der

Gedächtnismöglichkeiten parallel zur Möglichkeit, eine Sprache zu entwickeln, und dann haben das mit der Zeit natürlich auch die männlichen Kinder aufgenommen. Aber diese Natursprache der Frauen war nicht eine Sprache in dem Sinne, wie wir das heute verstehen, sondern es war mehr eine Art Gesang, was sie zum Ausdruck bringen konnten. Die Kraft des Vorstellungslebens konnten sie in diese gesanglichen Äußerungen umsetzen, vor allem durch den Rhythmus. Daher kann man ruhig sagen, daß der Gesang der Frauen die erste Kunst war. Dieser Gesang wurde damals auch als heilig betrachtet; er diente nicht nur der Kommunikation.

Die inneren Rhythmen der Natur, ihre Töne und Klänge strömten durch die Frauen hindurch und in ihren Gesang hinein, und so entstand ein Urkeim des Gottesdienstes. Diese Frauen wirkten auch als Priesterinnen, und in den Menschen, denen sie durch ihren Gesang die Töne, Klänge und Rhythmen der Natur vermittelt hatten, brachten sie das Seelenleben zum Erwachen.

Als diese Priesterinnen mächtiger wurden, konnten die Menschen um sie herum nicht anders, als sich bewegen; sie wurden in rhythmische, tanzartige Bewegung versetzt, und damit entstanden der Gesang und die rhythmischen Tänze. Letztere stellten die andere Art dar, durch die «Seele» in die Menschen einzog. Wenn es auch kühn erscheint, so können wir doch von diesen Bewegungen in der lemurischen Zeit eine Parallele zu der in diesem Jahrhundert entstandenen

Eurythmie ziehen, zur Eurythmie «als sichtbarer Gesang».

Auch heute noch, wenn wir beobachten, wie ein Kleinkind beim Erklingen von rhythmischen Melodien sich unwillkürlich zu bewegen beginnt, haben wir einen Nachklang der Bewegungen, die in der Lemuris durch die Gesänge hervorgerufen wurden. Heute führt dieser innere Drang, sich zur Musik zu bewegen, bei den kleinen Kindern auch zu problematischen Zuständen, weil sie Rhythmen ausgesetzt sind, die für die leibliche Entwicklung nicht besonders gesund sind und sie das Kind absolut widerstandslos aufnimmt.

Rudolf Steiner faßt den Beitrag der Frau zur Entwicklung des Menschen in jener Zeit so zusammen: «Die Bildung gewisser ständiger Gebärden, die Feinheiten der sinnlichen Anschauung, die Schönheitsempfindungen, ein guter Teil des den Menschen gemeinsamen Empfindungs- und Gefühlslebens überhaupt ging ursprünglich aus von dem seelischen Einfluß der Frau.» Und: «Die Kulturnationen haben eine Leibesbildung und einen Leibesausdruck sowie gewisse Grundlagen des leiblich-seelischen Lebens, die ihnen von der Frau aufgeprägt worden sind.»[25] Dies wurde bereits 1904 geschrieben, und trotzdem wird es wahrscheinlich noch ein bißchen dauern, bis diese Ansätze allgemein anerkannt werden.

Es gab in der lemurischen Zeit auch eine Gliederung im Erleben der Jahreszeiten: In den Sommermonaten, besonders um Johanni, doch auch vorher und nachher, fanden die Sommermysterien statt, an denen die Frauen stark beteiligt waren. Die Reigentänze, das Singen, die Musik und das rhythmische Sprechen führten zwar zu einer Ekstase, aber nicht zu einem besinnungslosen Rausch, sondern zu einer Erfahrung ihres Ichs. Sie erlebten in diesen Sommermysterien: Ein Ich ist da! Aber unser Ich bleibt in der geistigen Welt, unser Ich wird in der geistigen Welt sozusagen geschützt.

Im Winter waren es die Männer, die in Höhlen unter der Erde, durch die Eingeweihten angeleitet, Formen erlebten. Sie haben das erlebt, was heute Höhlenmalerei genannt wird; sie haben es nicht als Malerei betrachtet, sie waren nicht so daran interessiert, ob sie einen Bison malen konnten, sondern sie haben die Formen, die Abgrenzungen der Tiere erleben können, und sie haben sie gemalt. Sie haben aber auch geknetet, sie haben erlebt, wie Wasser zu Eis wird, sie haben all dasjenige erlebt, was bis in den Knochenbau hinein Formen-Gesetzmäßigkeit ist.

Darin zeichnet sich eine Prädisposition ab. Während auf dem Gebiet der Malerei, Skulptur und Architektur verhältnismäßig wenig von Frauen geschaffen wurde, auch wenn wir die Geschichte bis ziemlich weit in die moderne Zeit herein verfolgen, sind sie in der Dichtkunst, in der Musik, im Gesang, in der Poesie, im Drama und natürlich im Tanz bedeutend stärker vertreten.

Unter diesem Gesichtspunkt machen wir jetzt einen großen Sprung, nämlich von der lemurischen Zeit bis in die Zeit des Alten Testaments, und denken an Moses' Schwester Mirjam, der durch Händel in seinem Oratorium *Joshua* ein wundervolles Denkmal gesetzt wurde. Darin kommt die Arie vor «O hätt' ich Jubals Leier oder Mirjams schönste Stimm'!» vor. Jubal Kain war der Sohn Kains, der die Musikinstrumente schuf, und Mirjam war mit fünf Jahren schon hellsichtig und sah die Geburt von Moses voraus. Sie gab die Weisung, ihn in einem Weidenkörbchen im Schilf eines Flusses zu verstecken. Die Entwicklung der Dicht- und Gesangskunst verlief bei Mirjam parallel zur Entwicklung der Seherkraft. Als die Kinder Israels auf der Flucht vor dem Pharao die Wasser des Roten Meeres ohne Schaden durchquert hatten, besang Mirjam dieses Wunder durch das «Meerlied». In der Bibel heißt es: «Die Prophetin Mirjam, die Schwester Aarons, nahm die Pauke [eigentlich müßte es heißen: das Tamburin], in die Hand, und alle Frauen zogen mit Paukenschlag und Tanz hinter ihr her. Mirjam sang ihnen vor: Singt dem Herrn ein Lied, denn er ist hoch und erhaben! Rosse und Wagen warf er ins Meer.»[26]

Die Anschauung, daß die Kunst mit dem Urweiblichen untrennbar verbunden ist, war bis in das Mittelalter hinein wirksam. So war noch Verständnis vorhanden für die Vorstellung der Griechen, daß jede Kunst von einer Göttin betreut, beschützt und impulsiert wird. Im *Prado* in Madrid gibt es eine Truhe aus dem 16. Jahrhundert, auf der die neun Musen zu sehen sind, und hinter jeder Muse steht ein geflügelter Engel.

Natürlich waren auch Männer künstlerisch tätig – wir wollen das gnädig einräumen. Aber für die griechische Zeit war es eine Realität, daß Zugang zu der jeweiligen Muse finden mußte, wer – als Mann oder als Frau – künstlerisch tätig werden wollte. Schauen wir uns diese Göttinnen der Künste etwas näher an: Die Mutter der neun Musen war Mnemosyne, das heißt «das Gedächtnis». Das ist interessant, wenn wir daran denken, wie die Gedächtniskräfte in der lemurischen Zeit durch die Frauen in Verbindung mit der Kunst entstanden sind. Der Vater der Musen war natürlich Zeus. Die neun Töchter wuchsen auf dem Olymp auf, erzogen vom Jäger Krotos, dem Erfinder des Bogenschießens – nicht von ungefähr, denn jede Kunst soll ihr Ziel treffen. Die Muse Erato ist die Vermittlerin der Liebesdichtung. Euterpe, die Muse der idyllischen Poesie, spielt die Flöte. Kalliope – ihr Name bedeutet «die Schönstimmige» – ist die Muse der epischen Dichtung, aber auch der Philosophie. Klio ist die Patronin der Geschichtsschreibung. Polyhymnia ist natürlich die Göttin der Gesangskunst. Terpsichore, oft mit einer Leier dargestellt, vermittelt den Tanz und den Chorgesang. Thalia mit dem Kennzeichen einer Komödiantenmaske ist die Muse der Komödie. Im Gegensatz zu ihr ist die mit Keule und Weinlaub ausgestattete Melpomene mit der Tragödie verbunden. Urania gilt als Muse der Astronomie; sie steht mit allen redenden und musizierenden Künsten in Verbindung und leitet zu den Weltenharmonien, zur Sphärenmusik über.

Machen wir den Sprung von den Griechen ins Mittelalter, so sehen wir, daß dort die Sieben Freien Künste eine wichtige Rolle spielten. Am rechten Westportal der Kathedrale von Chartres sind sie dargestellt, sie bilden die äußerste Archivolte, mit Ausnahme der *Musica,* die mit verschiedenen Instrumenten in der inneren Archivolte neben der *Grammatica* sitzt. In der Mitte der Sieben Künste aber thront die Gottesmutter – die Himmelskönigin, die *Regina Coeli.* Rudolf Steiner beschrieb diese Künste so: «Als göttlich-geistige Gestalten, lebendig lernten die Schüler sie kennen ... von solchen lebendigen Gestalten sprachen diejenigen, die um Petrus von Compostela waren.»[27] Diese Künste wurden in zwei Teile geteilt. Zum einen die drei, die man als Trivium bezeichnet: die Grammatik, die Dialektik und die Rhetorik. Und zum anderen das Quadrivium: die Arithmetik, die Geometrie, die Astronomie und – an der erhabensten Stelle – die Musik.

Zu den himmlischen Inspirationen durch die Musik kamen mit der Zeit auch irdische und unterirdische Inspirationen hinzu, sogenannte chtonische Inspirationen. Diese werden uns durch die Orpheus-Sage veranschaulicht. Orpheus, der große Sänger, der auch die Leier spielte, war der Sohn der Muse der Poesie, der schönstimmigen Kalliope und eines Flußgottes von Thrakien in Nordgriechenland. Durch ihn tritt die Poesie mit einem Wesen in Verbindung, das mit der Erde zusammenhängt. Eines Tages erblickt der Sänger Orpheus Eurydike und findet sie wunderschön. Er erkennt, daß ihr unmittelbar eine große Gefahr droht: Sie wird auf zauberhafte Art und Weise durch eine Frau in eine Höhle gelockt. Er ruft ihren Namen, der Zauber wird durchbrochen, und er nimmt sie zu sich. Drei Tage, nachdem sie geheiratet haben, wird sie von einer Schlange gebissen – eine andere Variante ist, daß sie durch diese Magierin vergiftet wird, vor der Orpheus sie bewahrt hatte –, sie stirbt und entschwindet in die Unterwelt. Orpheus ist untröstlich und faßt den Entschluß, in die Unterwelt hinabzusteigen, um sie zu suchen. Kein Mensch hatte das jemals vermocht. (Natürlich haben wir hier ein Bild für die Initiation.) Er gelangt in die Unterwelt und singt und spielt auf eine so herzbewegende Weise, daß Persephone und Hades auf ihrem Thron gerührt werden und ihm die Eurydike zurückgeben, allerdings mit einer Auflage. Orpheus darf, wenn er sie in die Oberwelt hinaufführt, nicht zu ihr zurückschauen, bis sie beide voll in der Oberwelt angelangt sind. (Auch dies ein Bild für die frühe Einweihung.) Unterwegs wird er aber unruhig, er kann Eurydike nicht hören und weiß nicht, ob sie hinter ihm ist oder nicht. Er kann sich nicht beherrschen, dreht sich um und schaut, ob sie da ist. In dem Moment entschwindet sie seinem Blick; sie muß wieder in die Unterwelt hinab. Orpheus versinkt in Trauer. Er durchstreift Thrakien und mag keine Frau mehr anschauen. Das erweckt die Eifersucht und den Zorn der thrakischen Frauen. Als Magierinnen haben sie Macht über die untersinnlichen Kräfte der Natur, und sie töten ihn. Aber bevor sie das tun konnten, erfüllte er die ganze Gegend durch seine Musik. Hier haben wir also eine männliche Gestalt, die mit der Kraft des Gesangs und des Spielens begabt ist. Orpheus ist eigentlich das Bild eines schöpferischen Genies, dessen Seele von Liebe zum ewig Weiblichen erfüllt ist.

In seinem Buch «Die großen Eingeweihten», das am Ende des letzten Jahrhunderts erschien – Rudolf Steiner erwähnte, daß es aus dem Weltengedächtnis geschrieben sei –, schildert Edouard Schuré, wie es in der Zeit etwa acht Jahrhunderte vor Christus zwei gegensätzliche Richtungen gab. Auf der einen Seite gab es die Sonnenmysterien und auf der anderen Seite die Mondmysterien, und das waren zwei absolut verschiedene Philosophien, zwei Theologien, zwei soziale Organisationen, zwei Religionen. Die Sonnenkulte lagen immer auf Bergen, auf Höhen und wurden durch männliche Priester nach strengen Gesetzen zelebriert; die Frauen wurden nicht zugelassen. Die Mondkulte waren in Wäldern und in Tälern beheimatet und wurden durch Priesterinnen betreut und zelebriert, und zwar in der Form sinnlich-orgiastischer Riten. Diese Priesterinnen haben sich des Bacchuskultes, der ursprünglich der Heiligung der Früchte der Erde diente, bemächtigt und diesen Kultus in einen furchtbar dekadenten Zustand gebracht. Daher wurden sie auch als Bacchantinnen bezeichnet. Sie hüllten sich in die Häute selbsterlegter Tiere, schwangen mit Efeu umwundene Thyrsusstäbe und tanzten wild und ausgelassen, mit wehendem Haar, singend und begleitet von Flöten. Aber das war nicht die Flöte, die wir früher erwähnten, sondern eine Abwandlung davon; auch wurde der Tanz von Pauken, Trommeln und Tamburinen begleitet. Die rasenden Tänze trugen den Bacchantinnen auch die Bezeichnung Mänaden ein.

Auf eine dramatische Art und Weise war das ein Anfang, die weiblichen Schöpferkräfte zu vergeuden und auf Bahnen zu lenken, die im Grunde genommen mit unterirdischen Kräften und nicht mit himmlischen zusammenhängen. Das ist eine Entwicklung, die nicht nur der Geschichte angehört, sie betrifft auch unsere Zeit. Denken wir nur etwa an *Break Dancing,* wo sich die Teile der menschlichen Gestalt wie unabhängig voneinander bewegen und schließlich richtiggehende Rauschzustände eintreten. Wir kennen auch Gesänge, die eigentlich Geheul sind.

Die wilden Tänze der Bacchantinnen hatten ihre Wirkung bis ins Mittelalter hinein. Sie wurden als etwas erlebt, vor dem man sich in acht nehmen mußte, was wir daran sehen können, daß die Engel in der Zeit des Hochmittelalters fast nur mit Streichinstrumenten dargestellt wurden, die mehr mit dem Herzen verbunden sind, und manchmal mit Posaunen, aber dann mit ganz langen Instrumenten, mit denen man nicht tanzen kann.

Dann sehen wir im Mittelalter mit der Minnekultur etwas ganz Besonderes entstehen. Sie brachte die Troubadourkunst der Minnesänger hervor, eine Lobpreisung des Idealbildes der Frau. Die Troubadourkunst stellt die größte Verehrung der Frau durch die

Kunst dar, die die westliche Zivilisation kennt. Wir müssen uns vorstellen, daß es nicht nur um die Sehnsucht nach einer nicht zu gewinnenden Frau geht – so hat man das in frühen Jahrhunderten manchmal gedeutet –, sondern es hatte immer religiöse Obertöne dabei. Die Lobpreisung der Frau führte innerlich zur *Maria, zur Sophia,* zu der Liebe der Weisheit im weitesten Sinne. Das Merkwürdige dabei ist, daß das Idealbild der Minnefrau sich in der Seele des Troubadours verselbständigte. Er erlebte es als Teil seiner Seele, sozusagen als ein Spiegelbild seiner eigenen Seele. Er sah mit dem inneren Auge den Inbegriff der Schönheit, der Tugend und des Lichtvollen in der Welt. Und dies leuchtete für ihn in der dunklen Welt seiner Seele.

Diese Empfindungen sind stark mit der Gesinnung der Katharer verbunden, die erlebten, wie alles Substantielle, Irdische auch dunkel ist, und die überzeugt waren, daß der Mensch sich mit dieser dunklen Seite der Welt verbinden muß, damit diese schließlich auch hell wird. Interessant ist, daß die Katharerbewegung ganz besonders in Südfrankreich verbreitet war, und da findet man auch diese starke Ausprägung der Troubadourkunst.

Nicht so bekannt ist, daß es auch weibliche Troubadoure gab. Allerdings hießen sie damals nicht «weibliche Troubadoure», sie hatten eine eigene Bezeichnung. Eine Troubadoursängerin wurde «Trobairitz» genannt. Diese Frauen dichteten und sangen und genossen eigentlich die gleiche Wertschätzung wie die männlichen Troubadoure; wie es der Hofkultur entsprach. Hier eine bemerkenswerte Aussage zum Wirken der Trobairitz: «Es ist ein Gradmesser für das kulturelle Niveau eines Volkes, wie weit die Frauen in die geistigen Bezirke des Lebens eindringen. Wenn wir keine anderen Beweise für die Hochblüte der provenzalischen Kultur besäßen, würde die Tatsache genügen, daß es eine beträchtliche Anzahl Frauen gegeben hat, die als Trobairitz dichteten und sangen und die gleiche Wertschätzung genossen wie die männlichen Troubadours.»[28]

Eine besondere Wertschätzung genoß Beatrix Comtesse de Dia, die ungefähr von 1150 bis 1200 lebte. Von ihr sind mehrere Texte erhalten, die die verschiedenen Troubadoure dann in Musik gesetzt haben. Außerdem hat sie zu einigen ihrer Texte die Musik auch selber komponiert. Hier eine Kostprobe aus einem ihrer Lieder: «Ich muß davon singen, obwohl ich nicht will, so sehr sehne ich mich nach dem, dessen Liebste ich bin, denn ich liebe ihn mehr als alles, was es gibt.»[29] Und dann beschreibt sie ganz melancholisch, wie er untreu ist.

Die Trobairitz repräsentieren im Mittelalter die weltliche Kunst, sie waren als verheiratete Frauen künstlerisch tätig. Eine ganz andere Seite des Mittelalters ist das künstlerische Schaffen der Nonnen. Ein sehr bekanntes Beispiel ist Hildegard von Bingen, die von etwa 1100 bis 1179 lebte und deren Schriften gegenwärtig fast in jeder Buchhandlung zu finden sind. Sie war Benediktinerin mit einer mystischen Kraft sowie künstlerischen und auch praktischen Fähigkeiten begabt. Daß sie diese drei Gebiete: die Kunst, die Mystik und das praktische Leben in ihrem Schaffen vereinte, war etwas Neues. Sie war Beraterin des Papstes und des Königs Barbarossa, Predigerin, Dichterin, Liederkomponistin, wissenschaftliche Forscherin und erste deutsche Ärztin.

Für die moderne Zeit hat Rudolf Steiner die Schritte angegeben, die auf dem Weg zur sogenannten *Unio Mystica*, der Verbindung oder Vereinigung mit dem Göttlichen, weiterführen. Er beschreibt drei Schichten der persönlichen Erlebnisse, die überwunden werden müssen. Einmal muß das persönliche Bewußtsein ausgelöscht werden; zum anderen müssen die Herzens- und die Gemütskräfte, die in einem liegen, getilgt werden; und zum dritten müssen auch die Verstandeskräfte überwunden werden. Man kann sagen, daß all das, was man durch die Inkarnationen als Mann oder Frau gewonnen hat, beiseite gelegt werden muß, erst dann gelangt man in eine Welt außerhalb des Bewußtseins. Rudolf Steiner führt das Beispiel einer Frau an, die das erlangt hat, nämlich die Hauptvertreterin der spanischen Mystik, Theresa von Avila, die auch eine hervorragende Schriftstellerin war. Er sagt von ihr: «Es ist sehr charakteristisch, daß diese Persönlichkeit, die eigentlich in der regulärsten Weise einen solchen mystischen Weg durchgemacht hat, eine Frau ist ... Bei einer Frau ist es nämlich tatsächlich leichter, denn es ist ja ... die Eigentümlichkeit der Frauennatur, daß es ihr leichter wird, sich selbst, das heißt alle Seelenerlebnisse zu besiegen. Die Frau, die in der ... regulären Weise Mystik erlebt hat, so daß sie nacheinander ausgelöscht und ausgerottet hat aus sich die an die Instrumente des Gehirns und des Herzens gebundenen Seelenerlebnisse und dann die Verbindung mit dem göttlichen Geiste wie eine Vermählung, wie eine Umfassung, empfunden hat, ist die *heilige Theresia.*»[30] Er erwähnt aber, daß es sich um eine außergewöhnliche Ausnahme handelte.

Zum Schluß betrachten wir eine Frauengestalt, die sowohl zeitlich wie auch von der Gesinnung her zwischen Hildegard von Bingen und Theresa von Avila steht: Mechthild von Magdeburg (um 1212 bis 1283). Sie war Zisterzienserin und vorher Begine, und sie ist wahrscheinlich die größte Dichterin der deutschen Mystik. Das Werk «Das fließende Licht der Gottheit»[31] ist neu herausgegeben worden. Vertieft man sich in diese Schrift, so sieht man, wie eine uralte Fähigkeit des Weiblichen eine hohe Blüte erreicht hat, nämlich die Fähigkeit, Erlebnisse jeder Art in eine sprachliche Form zu bringen. Rudolf Steiner sagte einmal, «daß das Esoterische und das Exoterische zwei Dialekte einer unaussprechbaren Sprache sind»[32]. Diese unaussprechliche Sprache vermochte Mechthild von Magdeburg zu formulieren. Sie verfügte über eine unglaubliche Bilder- und Phantasiekraft. Ein Beispiel: «Jesus ging durch Mariens Leib wie der Tau durch die Blume.»

Der folgende Text ist auch von Mechthild von Magdeburg. Sie erging sich mit Freude in der Phantasiewelt, die sie aufbaute, und diese war natürlich immer auf die Vereinigung mit Christus ausgerichtet. Aber es ist nicht nur schwer, ihre Darstellungen denkend nachzuvollziehen, man staunt auch über die vorstellungsmäßige Differenziertheit, die schon sehr auf das Bewußtseinsseelenzeitalter hinzielt. Als Abschluß dieses Teils zwei kurze Zitate aus dem Buch «Das fließende Licht der Gottheit». Das erste heißt «Von der Erkenntnis und vom Genuß»:

«Minne ohne Erkenntnis
dünkt die weise Seele Finsternis.
Erkenntnis ohne Genuß
dünkt sie Höllenpein.
Genuß ohne Tod
kann sie nie genug beklagen.»[33]

Das andere lautet so:

«Ich tanze, Herr, wenn Du mich führest.
Soll ich sehr springen,
mußt Du anfangen zu singen.
Dann springe ich in die Minne,
von der Minne in die Erkenntnis,
von der Erkenntnis in den Genuß,
vom Genuß über alle menschliche Sinne.
Dort will ich verharren und doch höher kreisen.»[34]

Manfred Schmidt-Brabant

Isis-Sophia und die große Mutter

Nachdem wir in der ersten Betrachtung das Weibliche der Menschheit durch die Gestalt Evas anschauten und schon dabei kosmische Größe wahrnahmen, wollen wir nun auf das Weibliche in den Hierarchien blicken, auf die Göttinnen, die in allen alten Kulturen verehrt wurden.

Diese Göttinnen waren mit allen Bereichen des Lebens verbunden, mit dem Haus, mit der Natur, mit der Ernährung, mit der Erziehung der Kinder, mit den Künsten und mit den Jahreszeiten, und deshalb bestand in den alten Kulturen auch ein unmittelbar persönliches Verhältnis zu diesen Göttinnen. Gerade die Frauen, die den Haushalt, die Erziehung und vieles mehr zu besorgen hatten, standen in einem persönlich-unmittelbaren Verhältnis zu diesen geistigen Wesenheiten, die als weiblich erlebt wurden.

Wesenheiten wie die Aphrodite, die Venus, die Diana oder die Hator waren nicht nur Göttinnen der Liebe, sie waren auch Göttinnen der Freude, des Tanzes, der Musik. Hator war zum Beispiel im besonderen die Schöpferin der Mädchen; wenn Mädchen geboren wurden, verdankte man es der Hator. Aphrodite war auch Göttin der Gärten, des Frühlings und der Schönheit und so weiter. An viele Göttinnen wandte man sich aus einem bestimmten Grund. Es gab die Hygieia, die Göttin der Gesundheit, die man anrief, wenn in der Familie jemand krank war. Die Göttin Securitas war die Göttin der Sicherheit. Ich wähle hauptsächlich römische Göttinnen, weil ihre Namen im heutigen Leben noch anwesend sind. So denken wir beim Wort «Securitas» zunächst an eine Versicherungsgesellschaft oder eine Überwachungsfirma. Wem kommt es noch in den Sinn, daß das eine wirkliche Göttin war? Und doch ist sie nicht tot, sie ist auf andere Art immer noch eine wirkliche Göttin. Weiter gab es die Fauna, die Göttin des Feldes und der Wälder, Victoria war die jungfräuliche Göttin des Sieges, Pietas die Göttin der Frömmigkeit, Parca die Geburtsgöttin. Aus ihr gingen die drei Parzen hervor, die als Göttinnen das Schicksal der Menschen bestimmten. Es gab eine Göttin der Totenklage, Nenia, und dann – einigen zur besonderen Freude – die Göttin der Künstler, der Fertigkeiten und der Lehrer: Minerva. Einmal im Jahr wurde ihr großes Fest gefeiert, die *Quinquatrus*[35]; da bekamen die Lehrer ihren Jahreslohn, das *Minveral*, und die Schüler bekamen Ferien – eine außerordentlich beliebte Göttin, wie man sich vorstellen kann!

Wenn wir sagten: Nun, die Menschen waren eben damals abergläubisch und haben an solche Gestalten gedacht, dann wäre das finsterer Aberglaube. Denn die Menschen hatten damals noch ein unmittelbares Erleben für die geistigen Wesen, die den Weg der Menschheit und der Natur begleiten. Es war eine Zeit, in der die Hellsichtigkeit noch nicht ganz erloschen war, in der die Menschen den Göttern zwar nicht mehr Auge in Auge gegenüberstanden wie in den alten Mysterien, in der es aber noch Hellfühlen, Hellahnen gab. Wenn eine Hausmutter in Rom sich an die Göttin der Gesundheit wandte und ihr Opfer darbrachte, dann wußte sie, daß sie ein Wesen herbeirief, das in diesem oder jenem Krankheitsfall helfen konnte. Und wenn Krieg oder eine andere Gefahr drohte, rief man wirklich die Göttin *Securitas*, die Sicherheit, an und wußte, daß sie durch ihre Anwesenheit das Haus und das Anwesen schützte.

Diesem vielgestaltigen Chor von Göttinnen lag nun oft ein großes Urwesen zugrunde, ein Urwesen, das man sich männlich und weiblich zugleich vorstellte, aber doch so, daß das Weibliche in ihm die ganze Welt hervorbringt. Das war zum Beispiel die Nud im alten Ägypten, die Himmelskönigin, die Königin der Sterne, die das ganze Firmament überwölbte; unten war ihr Gatte Geb, die Erde, und aus Erde und Himmel heraus, so dachte man sich, entstand der Mensch. Von Neres, der Urgöttin, die den Sonnengott Re geboren hatte und die den Samen der Götter und Menschen schuf, sagte man, in ihr seien die männlichen und weiblichen Kräfte noch ungetrennt gesammelt. So sehen wir jetzt im Kosmischen das Motiv auftauchen, daß im weiblichen Urwesen das Männliche enthalten ist, das dann aus ihm hervorgeht.

Das bedeutet, daß man damals ein Verständnis der kosmischen Schöpferqualität aus dem Erleben und

Erkennen des Menschlich-Weiblichen herausholte. Man verstand die Schöpfung analog dem, was man als die Kraft der Hervorbringung durch die Frau erlebte, aber kosmisch-geistig ins Unendliche vergrößert. Rudolf Steiner hat an einer sehr entscheidenden Stelle gefordert, daß wir wieder lernen müßten, alle Vorgänge der Embryologie mit den großen Himmelserscheinungen zusammenzusehen und gleichsam durch die Embryologie die Wirklichkeit der Himmelserscheinungen neu zu verstehen.[36] In einer Zeit, in der man der Meinung ist, alles Leben sei durch einen gewaltigen Urknall entstanden – eine rein physikalische Vorstellung –, ist es gut, daneben das andere, das große, imaginative Bild zu stellen, daß alle Vorgänge in der Frau Abbilder der Vorgänge bei der Weltentstehung sind.

Alle diese Göttinnen, diese Geistwesen, deren Verständnis man sich nähert, indem man das Weibliche zu verstehen versucht, gibt es durch alle Hierarchien hindurch. Es war das Verdienst des großen Eingeweihten Dionysius des Areopagiten, in die Vielgestalt der Götterwelt eine Ordnung hineingebracht zu haben. Er war ein Schüler von Paulus, wirkte auf dem Areopag in Athen und war der Leiter einer esoterisch-christlichen Schule – eigentlich der ersten, in der eine reine Geisteswissenschaft gelehrt wurde. Die Lehren von Dionysius dem Areopagiten sind erst im 6. Jahrhundert aufgeschrieben worden, deshalb spricht man vom «Pseudo-Dionysius». Doch Rudolf Steiner wies darauf hin, daß die Lehren mündlich tradiert und später aufgeschrieben wurden. Diesen verdanken wir es, daß wir heute in der Vielzahl der Göttinnen und Götter eine Ordnung haben, die drei großen Hierarchien: die Gruppe der Engel, Erzengel und Archai; eine nächste Gruppe: die Exusiai (Elohim), Dynamis, Kyriotetes; und eine oberste Gruppe: die Throne, Cherubim und Seraphim.

Dadurch wurde dem Abendland eine Art Sachordnung gegeben, durch die man neu entdecken kann, was damals schon im Abklingen war, daß es nämlich aus dem alten Mysterienempfinden heraus noch ein Verständnis für den höheren oder niedrigeren Rang einer Göttin gab. Manche dieser Göttinnen, die wir aufgezählt haben, waren große Engelwesenheiten; andere, darüberstehende, waren Erzengel oder sogar Archaiwesen.

Es ist nicht von ungefähr, daß in der christlichen Ikonographie die Engelwesen alle mehr weiblich dargestellt werden, mit einer Ausnahme. Einer wird immer männlich dargestellt, und das ist Michael. Aber Michael empfand man auch im Mittelalter als das Antlitz des Sohnes, des Christus. Doch sonst sind es oft nicht nur die Engel, die weiblich dargestellt wurden, dies ist bis in die oberen Hierarchien so, und auch die Darstellungen der Cherubim und Seraphim tragen immer einen mehr weiblichen Charakter als einen männlichen. Es war ein ganz naturgemäßes Empfinden, daß die geistige Welt auf verschiedenen Ebenen schöpferisch-gebärend, hervorbringend tätig ist.

In den Hierarchien finden wir eine sehr hohe Wesenheit, die für unseren Kulturraum entscheidend und ausschlaggebend wurde, und das ist die Wesenheit Sophia, auch Isis-Sophia genannt. Seit langen Zeiten – schon vor dem Christentum – war man dem Rätsel nachgegangen: Wie ist es denn mit der Weltweisheit, mit der Gottesweisheit? In diesen Zeiten regierte noch nicht das mit Notwendigkeit dann auch eingetretene abstrakte Vorstellen, man konnte sich die Dinge nur wesenhaft vorstellen. Wenn man von der Weisheit Gottes sprach, meinte man damit eine Wesenheit. Und mit der Sophia-Wesenheit verband man die Empfindung, es sei die Weisheit, durch die und aus der Gott die Welt geschaffen hat. Es war eine Ur-Überzeugung, daß diese Sophia schon vor Schöpfungsbeginn mit Gott verbunden war. Durch sie konnte Gott die Welt schaffen.

Unendlich viele Mythologien sind mit dieser Gestalt der Sophia verbunden. Rudolf Steiner bringt sie zusammen mit der Isis, die er in der gleichen Region sieht. Isis, die Göttermutter und Himmelsgöttin mit zehntausend Namen, wurde in ganz Europa verehrt, und es gab Isis-Tempel bis hoch in den Norden hinauf. Sie war die «Göttin der Göttinnen», und man hat die Empfindung, daß sie durch die vielleicht etwas niedrigeren Göttinnen wie die Securitas, die Hygieia und die Fauna oder durch die auch höheren Göttinnen wie etwa Aphrodite oder Venus hindurchwirkte.

Die Menschen haben damals wunderbare Worte gefunden, um zu beschreiben, wie der Logos – aus dem die ganze Welt hervorging – entstanden ist. Ein Zeitgenosse des Christus Jesus, Philo von Alexandrien, der bis 50 n. Chr. lebte, schrieb: «Dem Logos wurde ein göttlichstes und reinstes Elternpaar zuteil. Gott selbst als Vater, der auch der Vater des Alls ist, und die Sophia als Mutter, durch die das All zur Entstehung kam.»[37] Wir würden heute sagen, daß diese Isis-Sophia der oberste Geist unter den Geistern der Weisheit, der Kyriotetes ist, dieser großen Gruppe von Wesen, die das All durchdringen, denn in der Isis-Sophia ist die dritte Person der Trinität, der Heilige Geist, wirksam. Und es war immer das Geheimnis der Esoterik, daß der Heilige Geist eigentlich weiblich ist.

Rudolf Steiner schreibt in einem Brief an Wilhelm Hübbe-Schleiden: «Es ist zweifellos richtig, daß der Christus in uns nichts wesentlich anderes ist als das, was die theologische Dogmatik als Heiligen Geist bezeichnet, aber mir scheint, daß zwischen beiden Begriffen *in anderer Beziehung* unterschieden werden sollte. Der Heilige Geist und der Christus in uns sind ein und dasselbe, aber auf verschiedenen *Entwicklungsstufen*. Man könnte auch sagen, der ‹Heilige Geist› ist das (weibliche) Mutterprinzip des (männlichen) Sohnesprinzips Christus. Wir verdanken den ‹Christus in uns› der Entwicklung, die aus dem ‹Heiligen Geist› (der Christus-Schöpferin) in uns hervorgeht.» Dann fährt er, mit einem großen Griff in die Kirchengeschichte, fort: «Denn ursprünglich war der Heilige Geist doch nichts anderes als die Gottesmutter (Isis etc.). Das Christentum hat dieses Weibliche, das (Isis-)Prinzip, abgeworfen und nur den Sohn behalten.» Wir haben darauf hingeblickt, wie im Patriarchat das Männliche aufsteigt und eigentlich das Weibliche zunächst abfällt, zurückgedrängt wird. «In dem Heiligen Geist hat das Christentum noch das Rudiment des einzigen weiblichen Prinzips. *Deshalb* schmilzt im christlichen Dogma der Heilige Geist ganz natürlich mit dem ‹Sohn› zusammen. Sie sind beide ein und dasselbe, und das abgeworfene, wirkliche Isis-Prinzip wurde auf der einen Seite als ‹Heiliger Geist› unverständlich und doch auf der anderen Seite als ‹Jungfrau Maria› exoterisch wieder aufgenommen. Die Isis wurde erst zum ‹Heiligen Geist› verflüchtigt und dann als ‹Maria›, ohne Bewußtsein des Zusammenhanges, wiederhergestellt.»[38]

Eine schwierige Passage – jeder einzelne Satz greift tief in die Probleme der Dogmen und Kirchengeschichte ein, aber sie enthält für unser Thema eine zentrale Aussage: Die Menschen haben etwas verloren, was in der alten Zeit noch ganz deutlich war: der Heilige Geist, wirksam in Isis-Sophia, ist weiblich. Das wurde ganz abstrakt; man sieht es daran, daß fast in der ganzen Ikonographie der Heilige Geist neben Vater und Sohn als Taube erscheint. Und doch gibt es – auch in Deutschland – einige wunderbare Darstellungen der Trinität mit Vater und Sohn und dem Heiligen Geist als eine zarte Jungfrau.

Im Zusammenhang mit dem letzten Vatikanischen Konzil sind Schriften entstanden, darunter eine große Arbeit eines französischen Theologen[39], in denen in vorsichtiger Weise eingeräumt wird, daß der Heilige Geist eher weiblich als männlich sei. In den Mysterien und in den esoterischen Überlieferungen aus den Mysterien war das immer eine Selbstverständlichkeit. Das werden wir genauer verstehen, wenn wir auf den anderen Themenbegriff hinschauen, der für diesen Vortrag gewählt wurde, auf die große Mutter.

Die große Mutter war zunächst einmal eine Art Okular für das Urwesen, das weiter oben erwähnt wurde. Bei den Griechen zum Beispiel war dies die Gäa: die Erd- und Muttergöttin, die Urgöttin aller Götter, die All-Mutter, Hervorbringerin aller Lebewesen. Man legte großen Wert darauf, daß aus ihr ohne männlichen Partner der Himmel, die Zeit, die Erde entstanden sind. Dann verengte sich der Blick etwas, und man schaute durch die große Mutter auf die Erde selbst, auf die Erde als ein Wesen, auf die Natur. Und durch alle Kulturen der Vorzeit wurde die große Mutter in unendlich vielen Kulten verehrt.[40]

Rudolf Steiner charakterisiert diese große Mutter einmal so: «Die große Erdenmutter hat kosmischen Verstand.»[41] Wie wenn die Erdenmutter hier, aus der alles Lebendige ununterbrochen hervorgeht, ihren Verstand, ihre Weisheit in der Isis-Sophia hat. Oft wies Rudolf Steiner darauf hin, daß es zunächst eine Illusion dieser Maja-Welt sei, zu meinen, hier unten auf der Erde sei dies und jenes und dort oben sei dieser oder jener Stern. In der Wirklichkeit des Ätherischen gehört es zusammen, und man kann einerseits sagen, hier auf der Erde spiegelten sich die Tierkreiszeichen;

aber man kann es auch umgekehrt sehen: die Sternzeichen sind eine Spiegelung der Erdenmutter selbst.[42]

Zum «kosmischen Verstand» führte Rudolf Steiner aus: «Die ganze Erdoberfläche hat eine sinnvolle Gestalt, die notwendig war für die Entwickelung der Menschen.»[43] Auch wenn wir spirituell noch so beflissen sind, denken wir doch manchmal, daß die Kontinente sich durch mechanische Kräfte gebildet, sich aus dem Meer gehoben, sich gesenkt hätten und Ozeane entstanden wären. Dies ist so tief eingegraben, daß man sich immer wieder von neuem anstrengen muß, um sich zu sagen: Die Erde hat ein Antlitz wie ein Mensch. Wenn ein Mensch lächelt, denke ich ja auch nicht an die Prozesse, die sich dabei in seinen Gesichtsmuskeln abspielen, sondern es ist mir bewußt, daß in diesem Moment sein Physisches von seinem Seelischen bestimmt wird. Und so gestaltet die große Mutter die Erde im Wandel der Zeiten in der Weise, wie es für die Menschen richtig ist: daß Gebirge dort sind, wo Menschen leben, die Gebirge brauchen; daß Meere und Küsten dort sind, wo Menschen am Meer leben müssen. Das meint Rudolf Steiner mit «kosmischem Verstand», und dadurch, sagt er an einer anderen Stelle, «ist sie, die große Erdenmutter, ein Inspirator für die Menschen»[44]. Wir gehen auf ihr herum, wir denken abstrakt «der Boden», «die Felsen», «die Felder», «die Wälder», aber sie ist ein Wesen. Und damit kommen wir zu Rudolf Steiners wundervoller Aussage: «... dieser ja auch heute vorhandenen riesigen Frauengestalt, der Göttin Natura»[45].

In einer ganzen Reihe von Betrachtungen zeigt er, daß es ein wirkliches Wesen ist, das die Erde ausmacht, und wie die Menschen in früheren Zeiten diese Göttin Natura noch als die «Helferin Christi» erlebt haben bis ins 7., 8. Jahrhundert, wenn sie hinblickten auf Mineral, Pflanze, Tier und Mensch, «dann sahen sie aurisch aufsprießen und wiederum befruchtet werden aus dem Kosmos die geistig-elementarischen Wesenheiten, die in allem Natürlichen leben ... Dann vor allen Dingen erschien ihnen – wie ein Wesen, das sie ansprachen wie einen anderen Menschen, nur eben wie ein Wesen höherer Art – die ‹Göttin Natura› ... diejenige Göttin, die sie, ich kann nicht sagen leibhaftig, aber seelenhaftig in vollem Glanze vor sich sahen. Man sprach ... von der in der Natur überall schöpferischen Kraft der Göttin Natura. – Sie war die Metamorphose der alten Proserpina. Sie war jene schaffende Göttin, mit der sich ... verband, der nach Erkenntnis suchen sollte. Von dieser Göttin empfanden sie: sie ist die Helferin derjenigen Gottheit, von der die Evangelien sprechen, sie ist die ausführende göttliche Macht.»[46]

Bis in unser meditatives Leben hinein finden wir diese göttliche Macht, etwa wenn wir im Seelenkalender in die Michaelizeit kommen und sprechen: «Natur, dein mütterliches Sein, ich trage es in meinem Willenswesen.»[47] Denn bis in uns hinein trägt uns die große Erdenmutter.

Nun ist die Frage: Wer ist sie, diese große Erdenmutter? Sie ist zunächst in der Ordnung der Hierarchien als ein Archai-Wesen zu entdecken. Diese Archai, drei Stufen über den Menschen, haben in der Evolution der Erde ihre Menschenstufe durchgemacht, als die ganze Evolution auf dem alten Saturn begann. Da waren die heutigen Archai Menschen. Und zugleich mit ihnen zusammen entstand der Anfang der Erde in der Wärme, und in der Wärme der Anfang des menschlich-physischen Leibes. Dann sind diese Wesen aufgestiegen, über die alte Sonne, den alten Mond, bis zur Erde, und das, was sie als Wärme gepflegt hatten, verdichtete sich dann in Luft und Licht, in Wasser, in den Klang, bis in die feste Mineralität und in das Leben auf der Erde.

Als die polarische Menschheit – diese Vor-Menschheit, wie sie im Zusammenhang mit Eva beschrieben wurde – noch ohne Ich die Erdenentwicklung begann, war diese Erdenmutter zugleich die ins Leben tretende Göttin Natura. Auf der einen Seite war sie als Eva die Erdenmutter, die Grundlage des Menschlichen im Physisch-Ätherisch-Astralisch-Leiblichen, und auf der anderen Seite war sie als die Göttin Natura zugleich die Mineral-, Pflanzen- und Tierwelt. Und darum bildeten die Archai in der Zeit vor dieser Verdichtung die Seelenanlagen im Menschen, damit der Mensch ein Ich aufnehmen könne, damit es zur Individualisierung der Menschen komme, denn sonst wäre die Menschheit nur *ein* Wesen geblieben, ein einziges Wesen: die Eva. Aber indem die Seelenanlage geschaffen wurde, indem aus der Eva, wie wir gesehen haben, die Zweigeschlechtlichkeit des Adam entstand, war die Befruchtung durch die Iche möglich. Und so sehen wir eine ganz wundersame Gliederung. Zunächst waren die Erdenmutter Eva und Göttin Natura noch eine Einheit; dann gliedert sich die Eva in Adam und Eva, die Geschlechtertrennung in der Natur kommt zustande, und wir sehen, wie das noch Archetypische des Weiblichen und Männlichen befruchtet wird und die Individualitäten entstehen. Die Trägerin dieser nun sich entwickelnden Menschheit ist die Göttin Natura, die große Mutter.

Dieser großen Mutter wurden seit Urzeiten Kulte aller Art gewidmet. Neben den Höhlenmalereien bilden die Figuren der großen Mutter die ältesten Kunst- und Kultwerke, die wir kennen. Bekannt ist die Abbildung der Venus von Willendorf, dieser quellenden Frauengestalt, etwa 22 000 vor der Zeitenwende geschaffen. In diesen Kulten, die der großen Mutter gewidmet waren, wirkten nun Mütter als Priesterinnen.

Nun müssen wir eine Unterscheidung machen. Wir haben *Jungfrauen* als Priesterinnen gesehen; sie sind dem Geist ganz offen – wie Augen für die Göttinnen, die deren Wirken und Inspirationen wahrnehmen. Jetzt blicken wir auf die *Mutter* als Priesterin. Sie ist eine Art Gehilfin für die große Mutter selbst. Ihre Wirkens-Richtung ist auf alles das gerichtet, was das Leben einer Mutter ausmacht. Durch sie, durch die große Mutter, wirkten dann auch die anderen Göttinnen hinein.

Was hieß es, eine Priesterin in den Mutterkulten zu sein? Es bedeutete, daß alle Vorgänge einer Mutter sakramental verwaltet wurden, also das Empfangen, das Austragen, das Gebären, das Aufziehen der Kinder. Die «weisen Frauen», wie man dann später sagte, waren Reste dieser alten Priesterinnen, und allerletzte Nachklänge haben wir in den alten Hebammen (französisch: «sages femmes»), die es da oder dort auf dem Land noch gibt, wo Urmutter-Weisheit wirksam ist, also nicht nur die Geschicklichkeit bei der Geburtshilfe, sondern auch die Empfindung einer sakralen Tätigkeit.

In diesen priesterlichen Mutterkulten stand etwas ganz Bestimmtes im Mittelpunkt, nämlich das sakrale Gefäß, der «heilige Kessel». Es war in der ganzen esoterischen und Mysterientradition immer eine Ur-Imagination, das Weibliche als ein Gefäß zu empfinden, als einen Kelch, als einen Kessel; nicht bloß im platten Sinne der Gebärmutter, sondern in einem das Weibliche viel mehr umfassenden Sinne als das Umhüllende, Schützende, Ernährende, als dasjenige, was Raum bietet, damit etwas entstehen kann. Die Herstellung dieser heiligen Gefäße, die in den verschiedenen Mutterkulten ganz unterschiedlich waren, oblag den Frauen, die Männer waren streng ausgeschlossen, denn diese sakralen Gefäße waren Mittelpunkt und Instrument der magischen Wirkung, die von diesen Kulten ausging. Alle alten Kulte waren magisch, auch das, was von den Jungfrau-Priesterinnen, den Vestalinnen ausging, war magisch, aber ganz besonders wirkte magisch in das Leben hinein, was von den Kulten der großen Mutter ausging. Und diese Kessel waren das Instrument dieser magischen Wirkungen. Es ging um

Inspirationen aus der Gruppenseele, Beschwörungen der Gruppenseele, und zwar mit einer bestimmten Richtung: Bei allem, was magisch wirken sollte auf die Frauen des Volkes oder des Stammes, insofern sie Empfangende, Tragende, Gebärende, Erziehende waren, ging es darum, daß die Ichheit des Menschen gefördert werde. Noch nicht das individuelle Ich, darauf kam es nicht so sehr an, sondern darauf, daß die Seelenanlage, die von den Archai veranlagt und nun Sache der großen Mutter war, sich aus dem Leiblichen heraus entwickelte und immer weiter gebildet wurde, damit das Ich des Menschen immer mehr und mehr darin leben konnte.

Beispiele solcher Kessel sind erhalten geblieben. Der berühmte Kessel von Gundestrup, über den Rudolf Grosse ein schönes Buch geschrieben hat[48], steht im Museum in Kopenhagen und ist nicht besonders groß, aber mit wundervollen Einweihungs- und Mysterienszenen verziert. Nicht sehr weit von Chartres, in Châtillon-sur-Seine, steht einer der berühmtesten Kultkessel, der Krater von Châtillon – ein gewaltiges Kesselgebilde, das man erst vor 60, 70 Jahren aus der Erde gegraben hat. Wenn man davorsteht – er ist im Museum von Châtillon zu besichtigen –, mutet er einen an wie ein Ur-Symbolum der Erdenmutter selbst. Und ganz schwach kann man ahnen, was die Mütter damals bewegte, wenn sie in einer Höhle oder in einem einfachen Gebäude diesem gewaltigen, für damalige Zeiten auch technisch überwältigenden Gebilde gegenüberstanden.

In der Zeit, von der wir jetzt sprechen, waren die Kulte, die Verehrung der großen Mutter, noch sozusagen neutral – es waren Erdkulte, Zuwendungen an die große Mutter. Mit dem Mysterium von Golgatha entwickeln sich die Kulte in zwei Richtungen.

Einerseits sehen wir, wie aus dem Urkessel, dem Krater, jetzt etwas wird, was sich zur Christus-Wesenheit hinwendet. Es entsteht das Bild vom Gralskelch, der den Logos, den Christus, aufnimmt, es entsteht das Bild des Heiligen Geistes als Christusgebärerin, als weiblich-geistiges «Kessel»haftes, in dem der Christus in uns geboren wird. Es entsteht das Bild – das wir jetzt ganz neu zu verstehen lernen – der Madonna mit dem Kind. Die Wissenden nennen sie manchmal «Maria, das reine Gefäß», das den Christus aufnehmen und tragen kann. Das war die eine Entwicklung.

Die andere Entwicklung ging ganz andere Wege. Da wird aus diesem Urkessel der Hexenkessel, und statt des Ich nehmen Dämonen in diesem Kessel Platz, statt des Logos – der Drache. Im letzten Beitrag werden wir noch sehen, wie die Apokalypse den Blick auf diese böse Entwicklung richtet – auf den goldenen Kelch der Hure Babylon, der, wie es in der Apokalypse heißt, «voll von Greuelgestalten und unreinen Wesen» war.[49]

Nun hat man immer auch auf die bösen Göttinnen hingeblickt. Man wußte, daß dic Göttinnen nicht nur gut sind, sondern daß sie auch böse werden können. In Indien war es die Kali, in Germanien die Hel, und man muß einen Augenblick innehalten und fragen: Woher kommt denn das Böse? Das ist eine Ur-Rätselfrage der Menschheit, und jedes Zeitalter muß seine Antworten auf diese Frage finden. Der Grieche hat die Frage nach dem Bösen anders beantworten müssen als der Ägypter, der Babylonier, oder dann der Römer oder der Germane. Rudolf Steiner charakterisierte die Zeit der Entwicklung der Bewußtseinsseele, in der wir leben, gerade dadurch, daß sie die Auseinandersetzung mit dem Bösen bedeute, das heißt, daß der Mensch gerade in dieser Zeit das Böse erkennen und sich mit ihm auseinandersetzen müsse. In anderen Zeiten ging es mehr darum, das Böse abzustreifen, zu überwinden, zu negieren. Noch ist die Zeit nicht da, in der wir das Böse erlösen oder wandeln können; das wird das nächste Zeitalter erst bringen.

Rudolf Steiner benutzt immer wieder ganz einfache Ausdrücke für das Böse und sagt oft, es seien eigentlich hohe, hierarchische Wesenheiten, die abkommandiert wurden, Widersacher zu sein, daß der Mensch am Widerstand erstarke. Aber da gibt es dann doch eine Differenzierung, auf die er immer wieder aufmerksam macht. Es gibt luziferische Wesenheiten, die erst vom alten Mond an wirksam geworden sind, und es gibt ahrimanische Wesenheiten, die schon von der alten Sonne an ihren Weg gehen, und es gibt die Asuras – zurückgebliebene, böse gewordene Archai. Durch diese Asuras wirkt im besonderen eine gewaltige, böse kosmische Kraft in der Evolution, und das ist Sorat, der Sonnendämon, jenes Wesen, das in der Apokalypse am Ende der Zeiten sich noch einmal aufbäumt gegen das ganze Universum. Denn dieser Sorat kommt von außerhalb unseres Universums; es ist das «Tier aus der Tiefe». Während Luzifer und Ahriman das menschliche Ich gerne für sich wollen – Mephisto unternimmt ja die umständlichsten Veranstaltungen, um den Faust endlich zu kriegen –, negiert der Sorat, das Tier aus der Tiefe, die ganze Evolution vom Saturn bis zum Vulkan, er negiert die ganze Ich-Werdung, und er will das Ich zerstören und zertrümmern. Am stärksten wirkt er durch die Asuras hindurch, aber auch durch die anderen Widersacherwesen, denn er kann bestimmte niedere luziferische und ahrimanische Wesenheiten als seine Instrumente benutzen.

Für unser Thema ist das Folgende eigentümlich. Luzifer ist weiblich – er wird in den Mysteriendramen auch immer durch eine Frau gespielt –, Ahriman ist männlich. Der Sorat ist androgyn, er ist nicht männlich und ist nicht weiblich; er ist un-menschlich, und das Wesen, dem er entspringt, die «Tiefe», aus der das Tier aufsteigt – denn diese Tiefe ist auch ein Wesen, wie die Hölle ein Wesen ist, die Gehenna ein Wesen ist –, dieses Wesen ist jenseits all dessen, was wir männlich oder weiblich nennen. Aber der Sorat greift in die Erdengeschichte ein und hat seine großen Rhythmen, wie Rudolf Steiner zeigt, 666 – 1332, und 1998 wird die nächste, die dritte, große Kulmination der Sorat-Wirksamkeit sein, die sich natürlich lange schon vorbereitet hat, ansteigt und auch nach diesem Jahr fortdauern wird.

Deshalb ist es so notwendig, auf das zu schauen, was sein Wirken fördert. In der alten Atlantis gab es die unterschiedlichsten Orakel. Sie waren den jeweils mit einem Planeten verbundenen Mysterienstätten zugeordnet. Nun gab es eine Mysterienstätte, die keinen Planeten mehr hatte, nämlich die Vulkan-Orakel. Und in der Mitte der atlantischen Zeit setzte etwas Furchtbares ein. Die Vulkan-Geheimnisse wurden an Menschen verraten, die nicht reif waren, damit umzugehen. So entstand etwa in der Mitte der Atlantis das, was wir heute Schwarze Magie nennen. Das heißt, daß spirituelle Prinzipien der Erhebung in den Dienst des niederen Egoismus gestellt werden, daß man spirituelle Kräfte benutzt, um den niederen Egoismus zu befriedigen. Dadurch begannen von diesem Zeitpunkt an auch dekadente, «verdorbene Mysterien», wie es in der «Geheimwissenschaft» heißt, und wir sehen, wie ein Teil der Göttinnen und ihre Kulte von niederen, Ich-feindlichen Tendenzen ergriffen werden.

Wir haben in der vorangehenden Betrachtung gesehen, wie Bacchus in die Niederungen des Alltags heruntergezogen wurde, in jene Bacchusgestalt, die wir heute alleine noch kennen, die mit dem Eichenlaub über dem Haupt betrunken über die Wiesen stolpert. Es werden Wesen wirklich heruntergezogen, verdorben. Aus Göttinnen werden dämonische Wesenheiten, oft werden sie dann gar nicht mehr als böse gewordene Göttinnen empfunden, sondern als Dämonen wie die Furien, die Erinnyen oder wie die Göttin des bösen Gerüchtes, die Fama.

Was heißt nun «das Böse des Weiblichen»? Was ist, wenn es nicht ganz allgemein, abstrakt um Böses geht, sondern wenn das Weibliche böse wird? – Aristoteles sagte: Tugend ist, die Mitte zu halten zwischen zwei Extremen.[50] Und das Böse entsteht, wenn eines extrem wird, wenn eine Richtung extrem wird und über das Gehörige, Gebührende hinaus sich entwickelt. Er nannte schon damals diese Beispiele: wenn aus Sparsamkeit Geiz wird, wenn aus Vorsicht Feigheit wird, aus Tapferkeit Tollkühnheit. Worin drückt sich aber das männliche und weibliche Extrem aus?

Bis in die Alchimie hinein hat immer gegolten: Mit dem Männlichen ist die Form verbunden, mit dem Weiblichen die Materie. Alles Formgebende ist männlich, alles Materie Schaffende, mit der Materie Lebende, ist weiblich. Das ist zunächst auch eine Ur-Imagination; und es heißt nun wirklich nicht, daß die Frauen formlos sind und die Männer ohne Materie, sondern es handelt sich um das Prinzip.

Was geschieht aber, wenn das in die Extreme geht? Wenn das Männliche böse wird, sich verhärtet im Extrem, dann führt es zur Verhärtung des Ich in der Form! Das Ich wird unbeweglich, verkrustet, verkrampft sich in der Form. Und wenn das Weibliche böse wird, dann haben wir die Auflösung des Ich in der Materie. Das sind die beiden großen Gefahren, jetzt einmal vom Männlichen und Weiblichen her gesehen: die Verhärtung, dann der Tod in der Form und die Auflösung, die wollüstige Auflösung des Ich in der Welt der Materie.

So waren durch die dekadenten Mysterien schon vor dem Mysterium von Golgatha böse Kulte entstanden, und wir müssen sie hier behandeln, weil sie in der allgemeinen und insbesondere in der feministischen Diskussion der Gegenwart eine große Rolle spielen, eine oft ganz falsch beleuchtete Rolle. Es gab in den alten Mysterien etwas, was man mit unseren Worten ganz unzulänglich die «Tempelerotik» oder die «sakrale Tempelprostitution» nennt. Zum Beispiel standen die Priesterinnen in den großen Astarte-Tempeln sozusagen jedem zur Verfügung, der sich mit der Göttin vereinigen wollte, und dabei handelte es sich um hochheilige, sakrale Vorgänge. Aber heute, da über diese Dinge reiches Material vorliegt, versteht man es nicht mehr. Manche Kommentare enthalten eine Art falsche Glorifizierung der damaligen Zustände oder deuten das Ganze psychoanalytisch. Oft wird übersehen, daß eine solche Einrichtung in das Zeitalter der Empfindungsseelen hineingehörte. Der Mensch lebte damals noch vollkommen im Äußeren, er hatte noch keine Innerlichkeit. Diese entwickelte sich erst etwa 700 vor der Zeitenwende mit der Verstandes- und Gemütsseele. In dieser Zeit begann der Mensch, Scham zu empfinden. Vorher sahen die Menschen die Rachegeister, die Erinnyen, zwar draußen, aber sie hatten noch kein innerliches Gewissen. Dieses bekamen sie erst nach dem Ende des Empfindungsseelenzeitalters.

So müssen wir verstehen, daß alles das, was wir so unzulänglich die «sakrale Tempelprostitution» nennen, zu einer Zeit gehört, in die wir uns nur sehr schwer hineinversetzen können. Der Mensch war ein reines Empfindungswesen: Er war bestimmt von Sinnesempfindung, Gefühlsempfindung und Willensempfindung. Aber mit dem Beginn der Innerlichkeit wird das Alte, wenn es unverändert fortgesetzt wird, böse. Und so entstanden aus den ursprünglich heiligen Kulten der Tempelerotik die schwarzen Kulte der Sexualmagie. Dies war ein Umgang mit bestimmten Kräften, die bei den beteiligten Menschen zu einem Verlust des Ich-Bewußtseins und ein Ausgeliefertsein an das Sinnliche führten. Dabei wirkten niedere Elementar- und Astralwesen mit, die den schwarzmagischen Zauberinnen zur Verfügung standen. Diese entarteten Kulte müssen hier erwähnt werden, weil sie bei einem Ereignis eine Rolle spielten, das eine viel weittragendere Bedeutung hat, als man in der Regel annimmt.

Es betrifft die Herodes-Familie, die durch und durch dekadent war; sie war nicht jüdischer, sondern arabischer Abstammung und war aus Petra, dem Nabatäerland, nach Palästina gekommen. Herodes der Große hatte den Kindermord befohlen, und Herodes Antipas regierte zur Zeit Johannes des Täufers. Er war in unrechtmäßiger Weise mit der Herodias verheiratet. Nach den damaligen Heiratsgesetzen war diese Ehe nicht zulässig, und Johannes der Täufer rügte ihn öffentlich, daß er sich mit der Herodias verbunden hatte. Das konnte die Herodias nicht verkraften. Eines Tages fand eine Geburtstagsfeier von Herodes statt, und Herodias stiftete ihre Tochter Salome, die sie aus einer früheren Ehe mitgebracht hatte, an, zu Ehren des Königs den berühmten «Tanz der sieben Schleier» zu tanzen. Die ganze Hofgesellschaft ist wie von Sinnen, und der König ruft: «Fordere von mir, was du willst, und sei es mein halbes Königreich!» Das war nun ein sexualmagischer Akt gewesen! Es war nicht einfach ein Nackt- oder Enthüllungstanz; das hätte in der damaligen Zeit keine solche Wirkung gehabt, sondern unter dem «Tanz der sieben Schleier» verstand man in diesen bösen Kulten die Darstellung der «sieben Schamlosigkeiten der Frau» – so gekonnt, daß die Männer willenlos wurden, daß der König seines Verstandes wie beraubt war! Salome fragt die Mutter: «Was soll ich fordern?», und die Mutter sagt: «Fordere das Haupt Johannes des Täufers!» Das war dem Herodes zuwider. Er hatte Johannes den Täufer zwar gefangengesetzt, doch schätzte er ihn eigentlich. Aber sein Wort war vor allen Gästen gegeben, und so wurde Johannes der Täufer geköpft, und hereingetragen wurde sein blutendes Haupt auf der silbernen Mondenschüssel. Und das ist das Symbol des Gegengrals, aller der Kräfte, die die wirklichen Gralsgeheimnisse bekämpfen und vernichten wollen.[51]

Es wurde erwähnt, daß durch das Mysterium von Golgatha eine Scheidung der Geister auch im Bereich der großen Mutter stattfand. Die große Mutter selbst, sie wird als Göttin Natura die Helferin Christi.[52] Und wir müssen uns fragen: Wie ist das eigentlich? Ein Archai-Wesen, das dient? Christus ist ja eigentlich ein

Elohim, also eine Stufe höher, aber Christus ist der Christus geworden, weil er sich verbunden hatte mit dem Weltenlogos; dadurch wurde er Gott der Elohim, er wurde eins mit dem Logos, dem Sohn, und so ist es auch mit dem Archai-Wesen, der großen Mutter, der Göttin Natura. Auch sie war nicht nur Archai, sondern sie war durchdrungen von dem, was wir einen «Abglanz der Isis-Sophia» nennen. Das ist ihr kosmischer Verstand, ihre kosmische Weisheit.

Auf der anderen Seite sehen wir, wie aus der großen Mutter sich Wesen aller Stufen abspalten, böse werden, unter der Führung eines fürchterlichen Wesens stehend, eines Doppelwesens, der Lilith und der Iblis – eines ganz üblen Aspekts Luzifers –, wie beide ein Werkzeug des Sorat werden und wie nun eine Vielzahl von Hexenkulten aller Art entstehen.

Aber sofort muß man hier ein Vorsichtszeichen setzen. Das sind nicht die Hexen, die man in der Hexenverfolgung verbrannte. Wer sich je mit der Hexenverfolgung beschäftigt hat, muß sich bei der Prüfung der Listen all der armen Menschen, die verbrannt wurden, sagen: Das können doch keine Hexen gewesen sein! Auf diesen Listen stehen: ein dreijähriges Mädchen, ein Stadtrat, ein Geistlicher, eine junge Frau, ein junger Mann – Menschen aller Kategorien wurden als Hexen verfolgt und verbrannt! Dafür gab Rudolf Steiner eine eigenartig einleuchtende Erklärung: Man habe alle die verbrannt, von denen man dachte, sie könnten hellsichtig sein und dadurch die wirklichen Machenschaften der Herrschenden enthüllen.[53] Es ist ein gigantischer Vorgang in der Menschheitsgeschichte, daß eigentlich diejenigen als Hexen verfolgt und verbrannt werden, die zur Hellsichtigkeit in der Lage gewesen wären! Deshalb die kleinen Kinder: Wenn man irgendwie merkte, daß ein Kind ein Zeichen von Hellsichtigkeit zeigte, wurde es als Hexe bezeichnet und verbrannt!

Goethe war ein großer Kenner all dieser Geheimnisse, und so führt er uns im «Faust» in der «Romantischen Walpurgisnacht» auch in die «Hexenküche». Dort – jedenfalls in der letzten Inszenierung am Goetheanum – sieht man den großen, dampfenden Hexenkessel stehen. Und nun passiert etwas Merkwürdiges. Mephisto kommt hereinspaziert und sagt: «Was ist das für ein Kessel?» Und die kleinen Teufelchen, diese Meerkatzen, sind ganz belustigt: «Was?! Der Teufel kennt den Kessel nicht?»[54] – Er kennt ihn nicht! Denn die Hexen sind ein älteres Geschlecht als der Teufel. Sie stammen aus den ursprünglichen Priesterkulten der großen Mutter. Der Teufel hat sie sich erst später untertan gemacht. Er unterwarf sich einen Teil der Wesenswelt der großen Mutter, nämlich alle die Wesen, die nicht den Zugang zum Mysterium von Golgatha finden konnten. Goethe war auch in bezug auf diese Thematik außerordentlich belesen, wir wissen von seinen Bibliothekszetteln, daß er ganze Stapel von Büchern über die alten Hexenkulte und so weiter entliehen hat.

Außerdem war Goethe ein großer Kenner der Ur-Fragen des Weiblichen. Ich habe versucht, in meinem kleinen «Faust»-Buch über die sieben Stufen der Einweihung[55] zu zeigen, wie im «Faust» alle Aspekte des Weiblichen wirklich mysterienhaft durchleuchtet werden, das Menschlich-Weibliche in Gretchen, das Göttlich-Weibliche in der Helena. Und diese Schrift soll ein Beitrag sein zum Verständnis der letzten zwei Zeilen dieser «größten Strebensdichtung der Welt»[56], wie Rudolf Steiner sie nannte. Diese Zeilen lauten:

«Das Ewig-Weibliche
Zieht uns hinan.»[57]

Das war Goethes Grundüberzeugung! Er wußte vom weiblichen Urcharakter des Kosmos.

Kehren wir zurück zur Sophia, um noch zwei große Aspekte anzuschauen. Sie wird in der Mythologie auch die «Mutter Michaels» genannt, denn als die Erzengel auf der alten Sonne ihre Menschenstufe durchmachten, ihr Ich empfingen, waren die Kyriotetes Elohim und gaben den damaligen Menschen, den späteren Erzengeln, das Ich. Michael war der Größte der Menschenhierarchie auf der alten Sonne, so wie Sophia die Größte der damaligen Elohim, der späteren Kyriotetes, war. Und wenn wir sagen, daß die Weltintelligenz durch Michael verwaltet wird, dann heißt das auch, daß die Ur-Weisheit die Quelle dessen ist, wodurch wir den finsteren Kräften widerstehen können. Denn die Erkenntnis des Bösen, das wirkliche Mysterienverstehen, kommt nur von jener Intelligenz, die aus der Weltweisheit gespeist wird.

Der andere Aspekt: In mittelalterlichen Stichen ist die gekrönte Sophia mit einem Baum zu sehen, der aus ihr herauswächst. Auf den Blättern des Baumes stehen alle menschlichen Tugenden, und oben in dem Baum ist das Antlitz des Christus (siehe Abb. S. 88). So ist der Leib des Christus mit allen Tugenden bekleidet und entspringt aus der Sophia. Damit hängt zusammen, daß wir die Erdentwicklung oft in folgender Weise betrachten: Da war in der Vergangenheit die Weisheit, und die Allweisheit, die Weltweisheit, hat gewirkt, aber sie soll sich jetzt wandeln, wandeln in einen künftigen Zustand hinein, in die Liebe. Und diese Wandlung geht dadurch vor sich, daß sie durch die Schönheit oder auch durch die Tugend geht. Die Sophia wandelt sich in die Tugenden hin zum Christus-Wesen der Liebe. Die Alten nannten diese Wandlungswelt die «Glorie der Welt». Und von unten, aus der Tiefe, kommt der Drache, um diese Welt der Tugend, der Glorie zu verschlingen und damit die ganze Evolution zu zerstören.

Wir werden die Drachenkräfte nur überwinden können – ich sage das mit aller Vorsicht – aus der Weisheit des Weiblichen, aber aus der Mysterienweisheit des Weiblichen, nicht aus einem traumhaften, tranceähnlichen, mänadischen Zustand heraus!

Diese Glorie taucht noch an einer anderen Stelle auf, die uns lieb sein kann, und das ist, daß in der jüdischen Mystik von der Schechina gesprochen wird. Die Schechina, das ist «die Seele Gottes», die «Mutter der Ursprünge», der «mütterliche Raum». Von ihr heißt

«Tugendbaum» aus dem «Leipziger Jungfrauenspiegel» (Ende 14. Jh.)

es: «Es gibt eine innere Glorie, und das ist die Schechina und der Heilige Geist zusammen.»[58] Da begegnen wir wieder einem Hinweis darauf, daß das Schechina-Sophia-Isis-Wesen mit der dritten Person der Trinität verbunden ist. Und dann gibt es eine sichtbare Glorie draußen, und das ist die gesamte sich wandelnde Formenwelt, das ist der Leib der Schechina. Gerade die Kabbala hat den weiblichen Charakter dieser Schechina ausgearbeitet; sie ist die «Königin», die «Tochter», die «Braut Gottes», sie ist das Symbol des Ewig-Weiblichen. Jede Frau – so empfand man in der jüdischen Mystik – ist Stellvertreterin der Schechina auf der Erde. Wir sehen auch hier wieder die Weltseele als das tragende, das gebärende Element, und das Logosmäßige als das erfüllende.

Wenden wir uns zum Schluß mit einem weiteren Aspekt unserem Alltagsleben zu. Die Kirche sowie die Synagoge wurden immer als weibliche Wesenheiten empfunden. Wir finden vielfach an Kathedralen in mittelalterlichen Skulpturen die Kirche als aufrecht stehende Gestalt und die Synagoge mit gebrochenem Speer, beide aber als hochverehrte Frauengestalten, als Göttinnen. Daran zeigt sich, daß das Sozialwesen eigentlich immer weiblich gesehen wurde. Denken wir an die Volksseelen: Germania, Helvetia, Marianne, Britannia! Die Volksseelen wurden verleiblicht als Frauengestalten vorgestellt. Sie enthalten alle Elemente dessen, was wir als das Urwesen des Weiblichen bezeichnen.

Gehen wir noch auf einen privateren Bereich unseres Alltagslebens ein: Wir müssen lernen, neu zu verstehen, daß die Familie eine Wesenheit ist, eine Göttin. Nicht mehr die alte Hestia und Vesta, denn die Zeit ist weitergegangen und die Götter ändern sich. Jene Göttin, die das Zusammenleben der Menschen in der Familie pflegt, wurde in Rom anders erlebt als in Ägypten oder in Griechenland. Wir haben heute keinen Namen dafür, weil wir anders an die Dinge herankommen müssen, oder wir haben *noch* keinen Namen dafür. Wir können sie nennen die «verchristlichte Hestia», die «Hestia der Gegenwart» – eine wirkliche Wesenheit! Und die Frage ist: Erreichen wir es durch Einsicht, durch Weisheit, durch eine neue Mysterienkenntnis, daß diese Göttin als eine gute Göttin wirkt? Dann kann das Gefäß der Familie zu einem Gralskelch werden, in dem die Logoswesenheit so leben kann, daß die Individualität, die Ichheit aller Beteiligten gerecht leben kann. Das ist die Imagination, die für die Zukunft für die Familie aufleuchtet. Die andere Frage ist jedoch – auch das muß man sagen! –: Wird aus der Familie ein Hexenkessel, in dem sich die Dämonen austoben, in dem Egoismus und Haß und Antipathie zu Hause sind?

Im Zeitalter der Bewußtseinsseele hängt alles vom freien Willen der Menschen ab. Es geschieht nichts mehr durch irgendein Äußeres. Ich sage das mit aller Vorsicht: Keine äußeren Maßnahmen, seien es soziale, religiöse oder sonstige Maßnahmen, können die

Familie stabilisieren. Sie kann sich nur durch sich selbst die Form geben.

Diese Überzeugung lag von Anfang an der Einrichtung der Hausmüttertagungen zugrunde. Natürlich richteten sich diese an Haus*mütter* – und natürlich auch an Haus*väter*! Aber weil eben die Familie eine Göttin ist, weil die Familie einen Gefäßcharakter hat, deshalb ist der weibliche Anteil an der Familienführung, also die Haus*mutter*, besonders gefordert, besonders gefragt. Von ihr wird vieles abhängen. Nicht von heute auf morgen werden die Dinge in Ordnung kommen; aber wir können einen Anfang setzen, indem immer mehr Frauen deutlich wird: Auf mir liegt … – nicht eine Verantwortung, da fühlt sie sich nur noch mehr gedrückt, sondern: Vor mir liegt eine Aufgabe, etwas, was schön ist, einer Göttin in der rechten Weise zu dienen und die Familie als ein heiliges Gefäß im nüchternsten Sinn des Wortes zu betrachten.

Wir können nicht zurück! Die alte Familie war eine Gruppenseele, und jeder mußte seine Rolle spielen: Vater, Mutter, Kinder, Großmutter. Heute muß in dem Gefäß der Familie jeder aus seiner Individualität heraus leben können, und das kann von Familie zu Familie ganz verschieden sein, und doch kann es immer ein heiliges Gefäß, ein Gralsgefäß sein.

Und ebenso müssen wir die Kräfte kennenlernen, die aus der Familie einen Hexenkessel machen, in dem die Dämonen ihr Unwesen treiben. Manchem, was in den Lebensgewohnheiten heute eigentlich selbstverständlich ist, müßte man entgegentreten. Es ist notwendig, daß man nichts mehr aus Gedankenlosigkeit tut, sei es in bezug auf die Nahrung, die Kleidung, das Verhalten, die Tagesrhythmen, sondern daß man sich bei jeder Sache sagt: Entspricht es eigentlich meinen Einsichten, mache ich in der Familie, im Verhältnis von Mann und Frau, im Verhältnis zu anderen Familienmitgliedern das, was der Entelechie der beteiligten Menschen im christlichen Sinne gerecht wird?

Dann setzen wir das Werk der großen Mutter, das Werk der Isis und Sophia als freie Menschen in die Zukunft hinein fort.

Virginia Sease

Die Bedeutung der Frau in der Esoterik der Gegenwart

Nach den Möglichkeiten schöpferischen Tuns, die den Frauen im Mittelalter in der Hof- und Klosterkultur offenstanden, setzte eine längere Pause ein. Weder die Kirche noch die Regierung noch die sozialen Strukturen gewährten der Frau die Freiheit, wirklich schöpferisch unabhängig zu arbeiten. Erst in der Goethezeit emanzipierten sich die Frauen wieder so weit, daß sie künstlerisch tätig sein konnten. Beispiele dafür sind Bettina von Arnim, Bettina von Brentano und Clara Schumann, und in der Wissenschaft Marie Curie.

Eine ganz ungewöhnliche Frau, vielleicht die erste in jeder Hinsicht emanzipierte Frau hieß Lola Montez, die Geliebte des Königs Ludwig von Bayern. Sie war Tänzerin, unternahm große Reisen und gelangte Mitte der fünfziger Jahre des vorigen Jahrhunderts nach Kalifornien, wo sie entscheidend auf das sozialpolitische Leben Einfluß nahm. Das sind Beispiele großer Frauen, die signalhafte Schritte in die Emanzipation machten und so die Grundlage der Freiheit schufen, daß dann auch Frauen unabhängig als Geistesschülerinnen und Esoterikerinnen wirken konnten.

Drei solche Frauen seien hier geschildert.

Im 19. Jahrhundert bereiten sich Seelen zur Inkarnation vor, die sich mit starkem Interesse all dem zuwenden, was auf der Erde geschieht. Aufmerksam machen sie sich mit den Taten ihrer Vorväter und Vormütter vertraut, achten darauf, wie die verschiedenen Vererbungslinien zusammenkommen, und sind willens, sich für die wissenschaftliche, kulturelle, wirtschaftliche und vor allem die soziale Entwicklung zu engagieren. Sie freuen sich, geboren zu werden, und bringen ihrer Inkarnation auf der Erde positive Erwartungen entgegen. Rudolf Steiner nannte diese Seelen die «heimatbegabten Seelen»[59], wobei mit «Heimat» die Erde gemeint ist.

Dann gibt es eine geringere Anzahl von Seelen, die sich nicht so stark der Erde zuwenden. Natürlich helfen auch diese Seelen von der geistigen Welt aus, die verschiedenen Menschen so zusammenzuführen, wie es für die individuelle Inkarnation in der Zukunft notwendig ist. Doch sonst interessieren sie sich hauptsächlich für die geistige Welt. Ihr Anliegen ist, wie sie in der geistigen Welt für die geistige Welt reif werden können. Kommen sie dann in eine irdische Inkarnation hinein, verbinden sie sich nur schwer mit der Umgebung. Das bedeutet nicht, daß sie sich nicht mit den Eltern und den Geschwistern verbunden fühlten – ihre Beziehung zur Familie kann sehr harmonisch sein –, aber gegenüber der Umwelt, gegenüber dem Zustand der Erde bleiben sie wie fremd. Sie sind, wie Rudolf Steiner sie bezeichnet, «heimatlose Seelen». Sie werden in der Regel früh unabhängig und gehen dann ihre eigenen Wege. Gerade für diese heimatlosen Seelen war von der Mitte bis zum Ende des 19. Jahrhunderts wenig seelische Nahrung da; ihre Rettung kam durch die Tätigkeit Helena Blavatskys.

Sie gab diesen Seelen die Botschaft, daß der Mensch nach dem Tode weiterhin existiert. Denn die heimatlosen Seelen haben eine Sehnsucht nach der geistigen Welt und wissen nicht, wie es nach dem Tode in der geistigen Welt sein wird. Für diese Seelen war es eine große Erleichterung, zu erfahren, daß sie nach dem Tod als individuelle Entelechien weiterleben werden und nicht in das allgemeine All aufgehen, wie das in der östlichen Mystik und Religion oft beschrieben ist. Außerdem deutete Blavatsky an, daß hinter dem Naturgeschehen und hinter den Menschen selber die geistige Welt steht, und daß diese nicht undefiniert, nicht irgendwie amorph ist, sondern aus geistigen Wesenheiten besteht. Diese beiden Einsichten, diese beiden Überzeugungen sind die zwei Vorbedingungen, damit man zu einem Christus-Verständnis kommen kann. Rudolf Steiner führt diese beiden Tatsachen geisteswissenschaftlich grundlegend in seiner «Philosophie der Freiheit» aus. Das Paradox bei Blavatsky ist, daß sie die Vorbedingungen darstellte und auch selber auslegte, aber nicht in diesem Sinn zu einem Christus-Verständnis kam.

Sie wurde 1831 in Rußland geboren. Ihr Vater, der ursprünglich aus einer deutschen Familie stammte, war Oberst in der russischen Armee. Die Familie gehörte in Rußland zur oberen Gesellschaftsschicht.

Die Mutter, von adliger Herkunft, war eine Dichterin etwa vom Rang einer George Sand. Sie starb, als Helena elf Jahre alt war. Ihre Tante beschreibt Helena Blavatsky als Kind mit starker schöpferischer Begabung. Sie begann früh zu dichten und beherrschte viele Sprachen: Französisch, Russisch, Englisch und verschiedene slawische Sprachen. Und sie war mutig – sogar übermütig. Sie liebte nichts mehr, als auf einem Pferd ohne Sattel wild durch die Wiesen und Felder zu reiten. Als sie 17 Jahre alt war, heiratete sie – aus Trotz – einen alten Mann: Blavatsky. Er war zwischen 50 und 60 Jahre alt, und sie verließ ihn nach kurzer Zeit. Wie war es damals für einen Menschen, der eigentlich einen Weisheits-Schulungsweg gehen wollte? Rudolf Steiner beschreibt, wie die Menschen jener Zeit, die eine geistige Schulung machen wollten, nach Indien oder in ein anderes Land in Asien reisen mußten.

Etwa in der Mitte des vorigen Jahrhunderts traten Geheimbruderschaften auf, die erkannten, wie notwendig es für die Menschheitsentwicklung war, daß es Menschen gab, die etwas von der geistigen Welt wissen wollten. Sie wollten die Menschen wach machen, indem sie versuchten, die Existenz der geistigen Welt durch sinnliche Phänomene zu beweisen. Aber dieser Versuch erzeugte nicht Wachheit, sondern artete in allerlei Spiritismus aus: Mediumismus, Gläser- und Tischrücken, Levitationen, so daß man vom eigentlichen Ziel dieser Bruderschaften abkam. So mußten die Menschheitslenker – in jener Zeit häufig «Meister» genannt – etwas unternehmen, damit der Mensch, unabhängig von der Kirche, von Dogmen und Systemen, selbständig zu einem übersinnlichen Schauen kommen konnte. Rudolf Steiner beschreibt es so, daß sie sich nach einer Persönlichkeit umschauten, die den Abgrund zwischen dem Materialismus der modernen Zivilisation und der uralten Weisheit des Ostens überbrücken konnte. Die einzige Persönlichkeit, die in jener Zeit dafür in Frage kam, war Helena Petrowna Blavatsky.

Nachdem sie sich von ihrem Mann getrennt hatte, bereiste sie – ein schönes junges Mädchen mit roten Haaren – allein oder mit ihrer Schwester die Welt: Indien, Südamerika, Afrika, Europa. Das war damals etwas Ungewöhnliches – und ihr Vater bezahlte alles. Als sie 20 Jahre alt war, begegnete sie in England einem großen, schlanken Inder. Sie kannte ihn von ihren früheren Visionen her, und zwar hatte er in der Kindheit jeweils zu ihr gesprochen, wenn sie in Gefahr kam, und dies geschah häufig, weil sie so wild war. Dieser Inder – sie bezeichnet ihn als «Meister Morya» – sagte zu ihr, er brauche sie für eine Menschheitsaufgabe, und darauf müsse sie sich in Indien vorbereiten. Ihre Reisen in den Osten sind nicht leicht zu rekonstruieren. Ihre Biographie[60] gibt aber Anhaltspunkte[61], zum Beispiel, daß sie 1867 in Italien in Garibaldis Armee an einem Kampf beteiligt war und verwundet wurde – danach trug sie mit Vorliebe das rote Garibaldi-Hemd –, 1873 war sie in Amerika, und im folgenden Jahr begegnet sie einem Menschen, der ihr dann ermöglichte, wirksam zu werden. Als sie auf einer Farm an einer spiritistischen Sitzung teilnahm, traf sie den amerikanischen Journalisten und Rechtsanwalt Henry Steel Olcott, der diese ganze Sache untersuchen wollte. Er beschrieb Blavatsky damals so: 43 Jahre alt, wilde, lockige, rote Haare, rotes Hemd, sich eigene Zigaretten drehend, mit einem dicken französischen Akzent englisch sprechend. Die beiden wurden schnell befreundet und begannen zusammenzuarbeiten. Blavatsky hatte reiche Eingebungen, Sichtmöglichkeiten in die geistige Welt, und damit ihre Mitteilungen auch aufgenommen und verbreitet werden konnten, brauchte es eine Organisation, die sich darum kümmerte. So gründete Olcott 1875 zusammen mit anderen Persönlichkeiten die Theosophische Gesellschaft in New York und wurde deren Präsident. Weil er als unbestechlich galt, hatte Olcott zehn Jahre zuvor von der Regierung den Auftrag erhalten, das Attentat auf Abraham Lincoln zu untersuchen. Sein Ruf trug maßgeblich zur Glaubwürdigkeit der neugegründeten Theosophischen Gesellschaft bei.

Rudolf Steiner erwähnt, daß in dieser Zeit – zwischen 1875 und etwa 1878 – die Wirkung eines hohen Impulses in dieser Theosophischen Gesellschaft spürbar war und ganz besonders in der Arbeit Helena Blavatskys an ihrem ersten großen Werk, «Die entschleierte Isis», die unter der Inspiration stand von « ... den großen Initiierten des Westens, die auch die Initiatoren der Rosenkreuzerweisheit sind»[62]. Wie ging diese Arbeit vor sich? Tagsüber arbeitete Henry Steel Olcott in seinem Beruf als Rechtsanwalt, und nachts schrieb er auf, was sie aus der geistigen Welt empfangen hatte. In den äußeren Dingen war Helena Blavatsky eher chaotisch, so daß sie auf diese Hilfe angewiesen war. Manfred Schmidt-Brabant schilderte im vorangehenden Beitrag, wie der Mann über die Formkraft verfügt und die Frau für die Materie veranlagt ist. Die Zusammenarbeit von Olcott und Blavatsky ist dafür ein archetypisches Beispiel.

Diese Arbeit hatte eine enorme Auswirkung, denn sie bedeutete den Durchbruch des Geistigen in der modernen westlichen Welt. «Die entschleierte Isis» wird natürlich immer noch viel gelesen, man kann es in fast jeder größeren Buchhandlung bekommen. Als sie nach den drei Jahren mit Olcott und anderen Freunden nach Indien reiste, brach die direkte Inspiration von Christian Rosenkreutz ab.

Wie schätzte Rudolf Steiner Blavatskys Wesen ein? Er sagte, daß sie sich an das erinnern konnte, was sie hellsichtig erlebt hatte, und das sei schon ein deutliches Zeichen für die Echtheit ihrer Aussagen. Er erwähnte auch, daß sie ihrer Konstitution wegen für ihre Aufgabe geeignet war, denn sie war im Gehirn nicht so «steif» wie die anderen Menschen, besonders die Männer, zu ihrer Zeit: « ... das Blavatsky-Gehirn war doch etwas anderes als andere Frauengehirne des 19. Jahrhunderts»[63]. Aber er sagte auch: «Denn eine Logikerin war Frau Blavatsky ganz gewiß nicht. In der Logik war sie außerordentlich schwach. Während sie tatsächlich aus ihrem gesamten Menschenwesen heraus Weltengeheimnisse offenbaren konnte, war sie eben nicht imstande, diese Dinge auch in einer Form, die sich vor dem wissenschaftlichen Gewissen der neueren Zeit verantworten läßt, darzustellen.»[64] Deswegen war die Mitarbeit von Henry Steel Olcott enorm wichtig.

Die zweite Frauenpersönlichkeit, die wir betrachten wollen, ist Mabel Collins. Sie lebte von 1851 bis 1927; sie war jung verheiratet, eine sehr belesene, kultivierte, schriftstellerisch begabte Frau, die der englischen Oberschicht angehörte. Sie bewohnte ein sehr schönes Haus mit Garten und kümmerte sich selber um zahlreiche Verrichtungen im Haus. Dann wurde sie eines der ersten Mitglieder der Theosophischen Gesellschaft in England, und als Helena Blavatsky nach England kam, wohnte sie zunächst bei Mabel Collins. Wir müssen uns die beiden Frauen durchaus als Gegensätze vorstellen. Mabel Collins war eine gepflegte englische Dame, und Helena Blavatsky, die zwei kleine Zimmer in ihrem Haus bewohnte, ließ ihre Manuskripte herumliegen und rauchte überall. Nach sechs Monaten suchte sie sich eine andere Unterkunft, aber die beiden Frauen blieben dennoch befreundet bis zu jener Auseinandersetzung, die sie in schwierigstem Konflikt auseinandergehen ließ. Ohne zu versuchen, diese sehr umstrittene Situation aus historischer Sicht zu beurteilen, kann es einen traurig stimmen, daß eine Zusammenarbeit dieser großen Esoterikerinnen nicht möglich war.

Mabel Collins' berühmtestes Werk ist wohl «Licht auf den Weg» – ein Schulungsbuch, in jede Kultursprache übersetzt und immer wieder neu aufgelegt. Es war ausschlaggebend für die Entwicklung der westlichen Esoterik. «Licht auf den Weg» war aber nicht ihr erstes Werk. Sie hatte vorher Gedichte und Novellen geschrieben, die zum Teil auch in Zeitschriften erschienen waren. Eines Tages schrieb sie an einer Novelle, und ihre Schwägerin zeichnete im selben Raum. Plötzlich bemerkte die Schwägerin, daß Mabel Collins wie starr wurde, die Augen geschlossen hatte, aber immer weiter schrieb. Mit der Zeit wachte sie auf. Sie hatte gar nicht bemerkt, daß sie abwesend gewesen war; die Papiere lagen auf dem Boden. Aber es war nicht die Novelle, die dabei entstand, sondern das Vorwort und das erste Kapitel eines ganz anderen Werkes. Dieser Zustand wiederholte sich mehrmals, bis sie das Werk – «Die Idylle des Weißen Lotus» heißt es – nach längerer Zeit zu Ende geschrieben hatte. Sie hatte es in völlig medialem Zustand verfaßt; sie war nur ein Amanuensis, sie hatte nur geschrieben.

Das Schulungsbuch «Licht auf den Weg» war aber ganz anders entstanden. Sie beschreibt das selber: «Als Resultat langer und beharrlicher Anstrengungen wurde ich eines Tages meinem Körper enthoben und von dem Orte, an dem ich mich befand, zu einem anderen, von ihm ganz verschiedenen, entrückt ... Wie ein Kind wurde ich von einem mächtigen Wesen an der Hand geführt; es zeigte mir, was ich sehen sollte, und lehrte mich, es zu verstehen. Wir überschritten den weiten Flur einer ungeheueren Halle und stellten uns vor eine der Mauern. Mit großem Entzücken betrachtete ich sie, denn sie war unbeschreiblich schön. Sie sprühte von Edelsteinen; vom Fußboden bis hinauf zu dem verschwimmend hohen Dach ist jeder Zoll der herrlichen Mauer damit bedeckt, und das Funkeln und Glitzern war berückend schön. Ich ward geheißen, aufmerksam hinzuschauen, und da sah ich, daß die Edelsteine zu Mustern und Zeichen zusammengefügt waren. Es bedurfte mehr als meiner eigenen Aufmerksamkeit und erforderte die tätige Mithilfe meines Führers, damit ich sehen konnte, daß diese Muster und Zeichen Buchstaben waren, welche Wörter und Sätze bildeten. Aber ich wurde instand gesetzt, das zu sehen, und es wurde mir gesagt, soviel wie ich lesen konnte, sorgsam zu behalten und es sofort, wenn ich in meinen Körper zurückgekehrt sei, niederzuschreiben. Das tat ich denn auch ... Es bestand in wenigen Worten, in wenigen Sätzen, den ersten Sätzen aus ‹Licht auf den Weg›. Ich war, um sie selbst zu sehen und selbst zu lesen, zu der Mauer, an der sie geschrieben stehen, entrückt worden, wo alle sie lesen können, welche diesen Ort betreten, er ist den Lesern dieses Buches als die ‹Halle des Lernens› bekannt. Auf dieselbe Weise erlangte ich nach und nach den ganzen Inhalt des kleinen Buches.»[65]

Rudolf Steiner soll diese Erfahrung so kommentiert haben, daß sie diese unter der Inspiration eines hochentwickelten Meisters namens Hilarion – der die griechische Epoche inspiriert hatte – niedergeschrieben hat.[66] Auch bemerkte Rudolf Steiner: Das Buch «ist geschrieben für die, welche *die* Wahrheit suchen, die *heute* Keim ist, um *morgen* Produkt zu werden; und die nicht das Gewordene erfassen, sondern das Werdende *beachten*. Will jemand die Lehren von ‹Licht auf den Weg› verstehen, dann muß er sie als seine eigenen erzeugen und doch als völlig andere lieben, wie eine Mutter ihr Kind als eigenes erzeugt und als anderes liebt. Die vier ersten Lehren sind solche, die die Eingangspforte zur Esoterik eröffnen, wenn sie verstanden werden.»[67]

Am Anfang seiner Tätigkeit empfahl Rudolf Steiner besonders diese vier ersten Lehren seinen esoterischen Schülern immer wieder: «Die vier ersten Lehren sind solche, die die Eingangspforte zur Esoterik eröffnen, wenn sie verstanden werden.»[68] Später schrieb er eine Exegese dazu, aus der nachstehend jeweils ein Satz herausgegriffen wird:

Mabel Collins:
Bevor das Auge sehen kann, muß es der Tränen sich entwöhnen.
Rudolf Steiner: «... Verbrenne alle deine Tränen in dem Willen zum Helfen ...»

Mabel Collins:
Bevor das Ohr vermag zu hören, muß die Empfindlichkeit ihm schwinden.
Rudolf Steiner: «In anderer Art gesprochen heißt das: Lasse die Herzschläge des andern in dir widerklingen

und störe sie nicht durch die Schläge deines eigenen Herzens ...»

Mabel Collins:
Eh' vor den Meistern kann die Stimme sprechen, muß das Verwunden sie verlernen.
Rudolf Steiner: «Solange noch die spitzen Nadeln des ‹*Ich will*› aus den Worten des Menschen ragen, solange sind seine Worte die Sendboten seines niederen Selbst ...»

Mabel Collins:
Und eh' vor ihnen stehen kann die Seele, muß ihres Herzens Blut die Füße netzen.
Rudolf Steiner: «Wer in sich *stehen* bleibt, kann nicht den Meister finden; wer ihn finden will, muß seiner Seele Kraft – seines Herzens Blut – in sein Tun – in seine tätigen Füße – fließen lassen ...»[69]

Es ist ein wichtiges Prinzip, daß der Esoteriker seine Arbeit wenn irgend möglich an eine vorhergehende anknüpfen kann. Bei Mabel Collins konnte Rudolf Steiner dies tun, weil hinter ihren Einsichten eine innere Logik steht und sie ihre Lehre auf eine erkenntnismäßige Art und Weise als innerlich verpflichtend betrachtete. Es kam zu einer bedeutsamen Begegnung zwischen Rudolf Steiner und Mabel Collins im Jahre 1913 in London. Sie erkannte seine Größe und schrieb über ihn.[70] Aber sie mußte ihre Wege allein gehen – trotz der vielen Freunde, Bewunderer und Leser ihrer Schriften.

Während der ganzen Jahre seines Wirkens hatte Rudolf Steiner eine Frau an seiner Seite, die wirklich eine Mitarbeiterin war. Das war Marie von Sivers, ab 1915 Marie Steiner. Auch sie war in Rußland aufgewachsen, sprach Russisch, Französisch, Deutsch, Englisch, Italienisch – ohne Akzent. Sie studierte Rezitation und Schauspielkunst in Petersburg, Paris und Berlin und wurde von ihren Lehrern und der Theaterwelt als eine sehr begabte Schauspielerin und Künstlerin betrachtet.

Bevor sie St. Petersburg verließ, um in Paris ihre Ausbildung fortzusetzen, zerriß sie ihr Tagebuch, und sie pflegte auch später persönliche Schriften – außer wenigen Briefen und Aufsätzen, die erhalten geblieben sind – zu zerreißen. Aber ein Blatt hat sie behalten, und darauf eine Frage: «Où trouver la vérité?» – «Wo ist die Wahrheit zu finden?» Das war ihr Leitstern.

Am Ende der neunziger Jahre entdeckte sie das Buch «Die großen Eingeweihten» von Edouard Schuré, den ich im Zusammenhang mit der Sage von Orpheus und Eurydike erwähnte. Sein Buch las Marie von Sivers mit großem Interesse, und bald danach begann sie eine Korrespondenz mit Schuré, denn sie wollte ein Drama von ihm übersetzen: *Les enfants de Lucifer,* «Die Kinder Luzifers». Schuré war bereits ein sehr bekannter Schriftsteller, besonders durch sein Buch «Die großen Eingeweihten», das schon damals in verschiedene Sprachen übersetzt worden war. Nachdem er ein Probestück ihrer Übersetzung bekommen hatte, schrieb er Mitte Oktober 1900 an Marie von Sivers: «Der Aufschwung Ihrer Gedanken und die Feinheit Ihres Gefühls weisen darauf hin, daß Sie zu jenen besonderen Seelen gehören, die den Sinn des Lebens jenseits des Banalen und jener Gefilde suchen, die uns aufgezwungen werden durch die Notwendigkeit des Schicksals, um sich zu einem Ideal zu erheben, das Sie frei gewählt haben und das Sie mit Entschlossenheit zu verwirklichen suchen.»[71] Sie fragte Schuré, ob in Europa nicht irgendwo eine geistige Gesellschaft zu finden sei. Er wußte von Rudolf Steiner und wies sie zu ihm. Im Herbst 1900 kam sie in Berlin in die Wohnung von Graf Brockdorff und begegnete Rudolf Steiner.

Für diesen kleinen Kreis von arbeitsamen, ernsten und erfahrenen Theosophen muß der Einzug der schönen, weltgewandten Dame eine Sensation gewesen sein. Schon bald stellte sie Rudolf Steiner die Frage, die sie bewegte. Dieser Augenblick wird als der Augenblick «beim Chrysanthemen-Tee» tradiert, denn im Zimmer waren viele Chrysanthemen aufgestellt. Sie fragte Rudolf Steiner, ob es nicht notwendig wäre, eine geistige Bewegung ins Leben zu rufen, die für Europa, für den Westen, passend wäre, da die Theosophische Gesellschaft so viel östliche Spiritualität hätte. Rudolf Steiner antwortete, das wäre nur möglich, wenn es aus den Tiefen des esoterischen Christentums kommen könnte. Durch diese Frage Marie von Sivers wußte Rudolf Steiner, daß der Mensch erschienen war, der seine geistige Aufgabe mittragen konnte.

Von Anfang an bezeichnete sie Rudolf Steiner als «Mitbegründerin», «Mitarbeiterin im Anthroposophischen» und als «Trägerin des künstlerischen Elements». Durch sie war die Anthroposophie immer vom Kunstimpuls begleitet, und heute ist Anthroposophie ohne Kunst nicht denkbar. Als Künstlerin war sie in der Lage, alles, was künstlerisch gearbeitet wurde, mitzuverantworten: Rezitation, Dramenaufführungen, Musik, Malerei, Skulptur und so weiter.

In «Mein Lebensgang» formulierte dies Rudolf Steiner so: «Marie von Sivers und mir kam es darauf an, auch das Künstlerische in der Gesellschaft lebendig zu machen. Geist-Erkenntnis als Erlebnis gewinnt ja im ganzen Menschen Dasein.» Und weiter: «Wir wuchsen dadurch, daß wir mit der Geist-Erkenntnis Kunst entfalten durften, immer mehr in die Wahrheit des modernen Geist-Erlebens hinein. Denn Kunst ist ja aus dem ursprünglichen traum-bildhaften Geist-Erleben herausgewachsen. Sie mußte in der Zeit, als in der Menschheitsentwickelung das Geist-Erleben zurücktrat, ihre Wege sich suchen; sie muß sich mit diesem Erleben wieder zusammenfinden, wenn dieses in neuer Gestalt in die Kulturentfaltung eintritt.»[72] Das war es, was dann mit dem Münchner Kongreß der Theosophischen Gesellschaft 1907 begann. Marie Steiner schrieb in einem Aufsatz 1935, wie dieser Kongreß ausschlaggebend für die Zukunft war: «Es sollte der Versuch gemacht werden, das künstlerische Leben der Gesellschaft intensiver zu befruchten, um das bis dahin recht stark mangelnde Verständnis für die Bedeutung der Kunst innerhalb des geistigen Lebens der Menschheit zu wecken ... Die Theosophen weigerten sich, den Einschlag der abendländischen und christlichen Esoterik in ihrer alten und neuen Form aufzunehmen ... Die innere Seelenscheidung jedoch kam schon in jenen Tagen des Kongresses zum Ausdruck.»[73]

Wir sehen, wie Frauen am Ende des letzten und am Anfang dieses Jahrhunderts ausschlaggebend gewirkt haben, daß die Esoterik Tore in unsere Zeit hinein gefunden hat. Sie halfen, eine Brücke zu bauen, damit das geistige und auch das künstlerische Leben in unser Jahrhundert einziehen konnte. Was häufiger dargestellt wird, sind die großen Männerfiguren, die ja tatsächlich wesentliche Beiträge zu dieser Entwicklung geleistet haben. Wir fragen uns: Wie ist es überhaupt möglich, daß ein Gefäß für neue Impulse entstehen kann? Wir haben gesehen, was nötig ist, damit in der Esoterik etwas entstehen kann. Auch für die Kunst, zum Beispiel die Eurythmie, war ein Gefäß notwendig. Rudolf Steiner sagte in bezug auf die Eurythmie, daß diese neue Kunst in die anthroposophische Bewegung wie ein Vogel hereingeflogen sei. Das heißt, daß durch die Frage einer Frau ganz unerwartet etwas auf ihn zugekommen war, das er aufgreifen konnte. Als diese Kunst sich inkarniert hatte, wirkte Marie Steiner in jedem Augenblick der Entwicklung – von der ersten Zeit des Unterrichts für Lory Maier-Smits – helfend mit, nicht nur durch die von ihr entwickelte Sprachgestaltung.

Nach diesem Blick auf die vergangenen Leistungen von Frauen für die Esoterik wollen wir uns die Frage stellen: «Was kann besonders die Frau heute tun für die Esoterik, auch für die Kunst, für die Kunst des Lebens selber?»

Als erstes etwas, was sehr einfach zu sein scheint, aber enorm viel verlangt, und das ist die «Gabe der Anwesenheit» – also in jeder Beziehung präsent zu sein.

Als zweites braucht die esoterisch Suchende einen sehr feinen Sinn für den geistig-historischen Prozeß und für dasjenige, was anders als man selbst ist. Rudolf Steiner erwähnte einmal, daß man nicht zur Erkenntnis gelange, indem man den eigenen Standpunkt absolut durchsetzen wolle, sondern indem man in fremde Geistesströmungen untertauche – gemeint sind hier nicht Organisationen, sondern Strömungen, die durch die Menschen wirken –, deswegen habe er sich mit Nietzsche beschäftigt.[74] Das hängt mit dem Gedächtnis zusammen – wie wir sahen auch eine Ur-Fähigkeit, die durch die Frauen entwickelt wurde. Wenn man nicht nur den eigenen Standpunkt durchsetzen will, kann man weiter sehen und das Gesehene miteinander in Zusammenhang bringen.

Zum dritten ist es wichtig, gerade *die* Frage zu stellen, die fällig ist; denn solch eine Frage kann Tore öffnen – so zum Beispiel Marie Steiners Frage an Rudolf Steiner beim Chrysanthemen-Tee.

Zum vierten ist es wichtig, für die Frage offen zu sein: Was strömt einem von der Zukunft zu? Hier gibt es besonders viele Übungsmöglichkeiten, vor allem mit Kindern und Jugendlichen. Das Kind wird neun Monate erwartet, dann wächst es auf, wir begleiten es durch die drei Jahrsiebte und erleben immer wieder Eigenschaften, Veranlagungen, die zuerst nur im Keim da sind, die aber Produkte werden für die Zukunft, wie Rudolf Steiner das für Mabel Collins' Buch beschreibt.

Das fünfte ist, daß man das Verwandlungsvermögen in allen Möglichkeiten des Lebens ergreift. Diese Fähigkeit führt, wenn man ein großes Wort anwenden will, zur Auferstehungskraft. Diese Qualität, die Verwandlung zur Auferstehung, kann am allerbesten durch die Kunst erlebt werden, wenn man selbst künstlerisch arbeitet oder auch innerlich künstlerisch als Zuschauerin tätig ist. Die Kunstimpulse helfen dem Menschen, die latente Kunst in der eigenen Natur zu entdecken. Dazu muß man aufmerksam sein.

Als sechstes bedarf es des Vertrauens zu anderen. Das ist eine Ich-Frucht. Wir sehen durch die ganze Geschichte hindurch, die wir betrachteten – wir haben diesen Punkt nicht besonders hervorgehoben, aber im nachhinein wird es klar –, daß Vertrauen immer wie eine Grundlage ist, damit das Ich, und auch das Selbstvertrauen, sich entfalten können. Es war ein mutiger Schritt von Marie Steiner, ihre Frage beim Chrysanthemen-Tee zu stellen. Sie konnte nicht wissen, wie Rudolf Steiner reagieren werde; sie hatte aber Selbstvertrauen: «Wo ist die Wahrheit zu finden?» – das war ihre Frage, und eine Frage, die grundlegend ist, ist Keim zum Selbstvertrauen.

Als auf eine siebte Qualität kann man auf den Willen zur Zusammenarbeit schauen. Wir haben verschiedene Beispiele der Zusammenarbeit gesehen. Das ist eigentlich die höchste Kunst. Der Mensch kann diese Kunst nicht allein, sondern nur mit anderen üben und ausüben. Man bezeichnet diese Kunst mit verschiedenen Namen, auf englisch sagt man «the royal art». Eine schöne Bezeichnung ist sicher die «soziale Kunst».

Natürlich ist es gut, wenn die beschriebenen sieben Qualitäten auch von Männern geübt werden, doch denke ich, daß sie in Zusammenhang mit dem Thema «Die Bedeutung der Frau in der Esoterik heute» besonders wichtig und auch richtunggebend sind.

Manfred Schmidt-Brabant

Die Königin von Saba
Sternenweisheit und Menschheitszukunft

Wir gehen nur scheinbar noch einmal weit in die Vergangenheit zurück, wenn wir unseren Blick auf die zweite Frauengestalt der Tempellegende richten: neben der Eva auf die Königin von Saba.

Die Königin von Saba hat im Abendland zu einer reichen Ikonographie geführt, obwohl im Alten Testament, im ersten Buch der Könige (Kap. 10), die Erzählung von ihr relativ sparsam ist. Da heißt es nur, daß die Königin von Saba mit einem großen Gefolge und vielen Geschenken zum König Salomo kam, um seine Weisheit zu bewundern. Wir hören, daß sie ihm Rätselfragen stellte, erfahren aber nicht, welche – daß Salomo ihr antwortete, weiß man, aber nicht, was. Schließlich heißt es, sie hätten nochmals Geschenke ausgetauscht, und dann sei sie mit ihrem ganzen Hofstaat wieder abgereist. Das ist eigentlich alles.

Das Buch der Könige ist etwa 500 vor der Zeitenwende niedergeschrieben worden; Hofberichte aus der Zeit Salomos, also etwa 950 v. Chr., wurden von einem Priesterkollegium redigiert, und so ist der Bericht dann ins Alte Testament gekommen. Dieser vermöchte nicht gerade unser brennendes Interesse zu wecken, wenn nicht 600 Jahre später im Neuen Testament eine eigentümliche andere Formulierung stünde:

«Bei der großen Entscheidung wird die Königin von Saba aufstehen gegen die Menschen dieser Zeit und wird ihre Richterin sein. Denn sie ist aus den fernsten Gegenden des Erdkreises herbeigekommen, um die Weisheit Salomos zu hören, und siehe, hier ist mehr als Salomo.»[75] Da kann man bereits etwas stutzig werden: Die Königin von Saba wird «bei der großen Entscheidung», also beim Jüngsten Gericht, an dem ja nur Christus auftritt, «Richterin» der Menschen dieser Zeit sein!

Auch diese Angabe wäre für sich allein kryptisch geblieben. Doch entsteht in der Folgezeit, schon um die Zeitenwende herum, eine außerordentlich reiche Legendenliteratur über diese Königin von Saba; bis ins Persische, Indische, Islamische hinein werden Geschichten von ihr erzählt. Diese tauchen dann etwa vom Jahre 1000 an in breiter und gar nicht abzuschätzender Tiefe und Fülle hier in Europa auf, vermittelt durch zwei sehr interessante Klöster, die an der spanisch-französischen Grenze auf spanischem Gebiet sich befinden: das Kloster in Ripoll und das Kloster in Roda. Beide vermittelten damals die islamische Weisheit, die maurische Welt, eigentlich den ganzen Orient herüber nach Europa. In St. Pierre de Roda wird eine erste Bilderhandschrift angefertigt, eine Bibelbilder-Schrift, in der die Königin von Saba auftritt, und zwar bereits in einer Szene, die das Alte Testament überhaupt nicht schildert, die aber in der Mystik des Islams und des Ostens weit verbreitet war: Man sieht, wie sie durch ein Wasser schreitet, um zu König Salomo zu kommen.

Das Wasser ist ja ein altes Bild für die Welt des Ätherischen. Die Königin von Saba schreitet durch dieses Wasser – Ätherische – zur Erde, auf der Salomo sitzt und sie erwartet. Aber dann wird es in all der Literatur geradezu aufregend; die Mystiker, die Alchimisten, die Gnostiker nehmen immer wieder Bezug darauf. In der Schrift «Aurora Consurgens», «Die aufgehende Morgenröte», sie wird – vielleicht fälschlich – Thomas von Aquin zugeschrieben, heißt es:

«Und das ist die Weisheit. Die Königin von Saba, welche aus dem Orient gekommen ist, um die Weisheit Salomos zu hören. Und gegeben ist in ihre Hand Macht, Ehre, Kraft und Herrschaft, und sie trägt auf ihrem Haupt eine Königskrone aus den Strahlen der zwölf leuchtenden Sterne wie eine Braut, die für ihren Bräutigam geschmückt ist, und auf ihren Gewändern hat sie eine goldene Inschrift: ‹Als Königin werde ich herrschen, und meines Reiches ist kein Ende für alle, die mich finden und erforschen mit Scharfsinn, Erfindungsgeist und Beharrlichkeit.›»

Aus dem Rosenkreuzerumkreis schreibt Honorius von Augsburg in seinem Buch «Spiegel der Mysterien»: «Als nämlich die Königin von Saba ihren Körper und ihr Blut ihren Jüngern übergab, da lag Johannes an Jesu Brust und trank da von der Quelle der Weisheit.» Ein ungemein kryptischer Satz! Wie gleichgesetzt plötzlich mit Jesus!

Dann schreibt Isidor von Sevilla: «Die Königin aus dem Süden muß verstanden werden als die Kirche, die sich sammelt von den äußeren Grenzen der Welt, um die Stimme Gottes zu hören; aber die Kirche – das ist Maria, das ist die Braut Gottes!»[76]

Ein anderer, Johannes Gracëus, schreibt in den «Arca Arcani»: «Die Urmaterie der Philosophen ist das Blei, was man auch das ‹Blei der Luft› nennt, in welchem die strahlende Weiße Taube enthalten ist, welche das ‹Salz der Metalle› genannt wird, worin die Meisterschaft des Werkes besteht. Dieses Salz ist jene keusche, weise und reiche Königin von Saba, mit einem weißen Schleier bekleidet.»

Die Alchimisten richten ihren Blick auf den Kern der Materie, und Lucius a Portu schreibt innerhalb einer Rosenkreuzer-Anweisung: «Du hast bereits die Jungfrau Erde, sie ist die Königin von Saba.»[77]

Bei Hugo von St. Victor, der zu Chartres gehört, lesen wir: «Hierher ist gekommen des Ostens Königin, Salomos göttliche Weisheit.» Und dann: «Schwarz ist sie, aber lieblich, von Myrrhe und Weihrauch geschwärzt, eine schwarze Jungfrau.»

Mit weiteren Zitaten könnte man noch lange fortfahren – es ist erstaunlich, wie die Königin von Saba in Geschichten und Schilderungen im Abendland jener Zeit geradezu aufblüht. Auch in Chartres können wir sie am Nordportal bewundern: eine zauberhafte Frau, neben Salomo, schräg gegenüber dem Melchisedek. So finden wir sie an vielen Kirchenportalen, in Miniaturen, Dichtungen, ja in Opern, und sogar einen Hollywoodfilm gibt es, mit Gina Lollobrigida als Königin von Saba. Die Schwarzen Amerikas empfinden sie als ihre Stammutter.

Wie wir schon im Beitrag über die Isis-Sophia gesehen haben, waren solche Erzählungen für die Menschen der damaligen Zeit wie ein Auge, wie ein Okular, durch das sie auf die wahre Wirklichkeit schauten. So war das mit den Statuen der Schwarzen Madonna, die Virginia Sease erwähnte. Dabei war es durchaus nicht so, daß die Menschen wie Götzendiener diese Statuen angebetet haben, sondern diese waren für sie wie Seelentore, durch die sie die Wirklichkeit des Geistes schauten.

Rudolf Steiner, der diese Tempellegende mehrfach erzählte und auch immer wieder interpretierte, schildert, worum es sich dabei eigentlich handelt.[78] Erinnern wir uns an die erste Betrachtung: Aus der Verbindung von Eva mit einem Lichtgeist wurde Kain geboren, aus Stoff, aus Erdenstaub wird Adam erschaffen, der mit Eva Abel hervorbringt. Kain erschlägt Abel, und die Götter geben dem Paar für den erschlagenen Abel den Ersatz-Sohn Seth. Nun geht die ganze Menschheitsgeschichte unter dem Aspekt der Tempellegende so vor sich, daß sich zwei große Nachkommenschaften bilden: die Nachkommen Kains und die Nachkommen Abels. Die Nachkommen Kains sind durch die Mordtat ihres Ahnherrn des ursprünglichen Hellsehens verlustig gegangen. Sie müssen an der Erde arbeiten, den Acker bestellen, sie werden Künstler, bauen Instrumente, müssen sich in diesen Tätigkeiten nach und nach ein eigenständiges, selbsterworbenes Ich schaffen. Die Nachkommen der Abel-Seth-Strömung hingegen haben ein Ich, das die kosmische Weisheit spiegelt, ohne daß damit eine Anstrengung verbunden ist; aus ihnen gehen die Priesterkönige hervor, die Seher und Propheten, in denen die göttliche Wahrheit einfach erscheint.

Als hervorragendster Abelnachkomme lebt rund 1000 vor Christi König Salomo. In ihm spiegelt sich die Weisheit des Kosmos, und aus dieser Spiegelung heraus ersinnt er einen Tempel, in dem alle Geheimnisse des Weltenalls enthalten sind. Doch kann er nur den Plan aus dem Kosmos ablesen, er kann den Tempel nicht bauen. Dazu bedarf er des hervorragendsten der Kainssöhne, und das ist der Baumeister Hiram. Dieser errichtet den Tempel Salomos oben auf dem Felsenberg in Jerusalem. Die Königin von Saba kommt, um die Weisheit Salomos und diesen Tempel, von dem im ganzen Vorderen Orient gesprochen wird, zu bewundern. Sie besucht Salomo, und es heißt sogar, sie habe sich mit ihm verlobt. Bei der Tempelbesichtigung lernt sie den Baumeister Hiram kennen, der sie tief beeindruckt. Sie erlebt plötzlich: Das ist ein völlig anderer Mensch als Salomo, der «nur» weise ist. Sie löst ihre Verbindung mit Salomo. Es heißt, als dieser berauscht war, habe sie ihm den Verlobungsring vom Finger gezogen. Rudolf Steiner kommentiert: dieses nur gespiegelte Ich könne eben auch ganz leicht wieder verlorengehen. Sie verbindet sich mit dem Baumeister Hiram, und die Geschichte endet so, daß Hiram von den drei bösen Gesellen erschlagen wird, denen er das Meisterwort verweigert hat, weil sie unreif sind – und Salomo läßt dies in seiner Eifersucht zu.

Was steckt hinter dieser Geschichte? Rudolf Steiner nennt die Königin von Saba die «Sternenweisheit», auch manchmal die «Seele der Menschheit». «Bisher war eben die Sternenweisheit mit diesen Abelssöhnen verbunden, die da die Weisheit spiegeln konnten, und nun», wie die Legende erzählt, «geht diese Sternenweisheit über zu den Menschen, die auf der Erde durch die Arbeit sich ein eigenes Ich geschaffen haben, sie geht über vom traumhaften Spiegel-Ich zum selbsterworbenen Erden-Ich.» Nun kommt das Entscheidende: Es handelt sich um die Gegenwart. «Die Ankunft der Königin von Saba bedeutet den Versuch der Gegenwart.»[79]

Die Legende geht in dieser Form auf Christian Rosenkreutz zurück, den wiederverkörperten Baumeister Hiram. Er schuf diese Tempellegende als prophetisches Bild für die Zeit, die jetzt beginnt. In der Zeit um 1000 vor Christus waren die alten Mysterien zu Ende, und mit der Geschichte von Salomo, der Königin von Saba und Hiram beginnen zwischenzeitliche Mysterien, die in der Gegenwart in die neuen Mysterien übergehen sollen. Das heißt, jetzt soll etwas beginnen, bei dem die alte Sternenweisheit, die von den Abelssöhnen gepflegt wurde, sich mit der Erdenweisheit verbindet. Rudolf Steiner machte auf einen alten Ausdruck aufmerksam: Man nannte nämlich die Abelnachkommen die «Gottessöhne» und die Kainsnachkommen die «Töchter der Menschen». «In der atlantischen Zeit wurde ein Versuch gemacht, diese zwei Klassen zu vereinigen, doch führte das zur Schwarzen

Magie der schlimmsten Art.»[80] Darauf wird hingedeutet in der Bibelstelle: «Die Söhne Gottes vermählten sich mit den Töchtern der Menschen.»[81] Die spirituelle Weisheit, die von den Priesterkönigen in den Mysterien gepflegt wurde, konnte sich noch nicht mit dem erst langsam werdenden Erden-Ich der Kainsnachkommen verbinden. Denn das Ich durchläuft immer erst Stufen des Egoismus, ehe es auch als Erden-Ich eine gewisse Selbstlosigkeit entwickelt. Rudolf Steiner: «Ich habe mir vorbehalten, eine Einigung zu erzielen zwischen denen aus Abels und denen aus Kains Geschlecht.»[82] Wenn man versteht, daß sich erst jetzt die Sternenweisheit, die Isis-Sophia, mit dem Erden-Ich verbindet, gewinnt man für manche Erscheinungen in der heutigen Zeit ein anderes Verständnis.

Die Sternenweisheit, die Königin von Saba, die Isis-Sophia – man kann in der Esoterik nicht parallelisieren und sagen: Die Königin von Saba ist die Isis, die Isis ist die Sophia und so weiter, sondern jede dieser Gestalten bildet einen Zugang zu einer unaussprechlichen Wesenheit, zu einer für den Menschenverstand zunächst zu großen und umfassenden kosmischen Wesenheit. So erscheint die Sternenweisheit hier als Königin von Saba, sie erscheint so, daß sie innerhalb der Mysteriendramaturgie der Menschheitsgeschichte diesen Übergang von Salomo zu Hiram geradezu «demonstriert».

Dabei stoßen wir auf das Phänomen, daß Menschen Träger kosmischer Wesenheiten und Prinzipien sein können. Die Königin von Saba hat wirklich gelebt, sie war ein Mensch, aber sie war zugleich Trägerin der Sternenweisheit, eine Inkorporation der Sternenweisheit. Es gibt einen Hinweis Rudolf Steiners, daß, wenn Seelenwesen und Weltenseelen erscheinen, sie in weiblichen Gestalten erscheinen.[83]

Das bekannteste und zugleich traurigste Beispiel, was Menschenverständnis betrifft, ist die Gestalt der Maria Magdalena, eine der verkanntesten Frauen aus dem Umkreis Jesu. Rudolf Steiner sagte von ihr, sie sei vollkommen hellsichtig gewesen.[84] In der gnostischen Schrift «Pistis Sophia» wird geschildert, wie Christus nach der Auferstehung in den darauf folgenden 40 Jahren seine Jünger weiter belehrte, und in diesem Jüngerkreis stand Maria Magdalena an erster Stelle; sie stellte die entscheidenden Fragen, und manchmal beschwerten sich die Jünger auch und sagten: «Warum ziehst du, Meister, diese Maria Magdalena dauernd uns vor?» Sie hatte von Anfang an eine führende Position im esoterischen Christentum. Sie war die erste am Ostermorgen, die den Auferstandenen sah, aber nicht gleich erkannte; wegen ihrer Hellsichtigkeit sah sie die Gestalt, aber zuerst mußte sie die Stimme hören, um zu wissen, wer da vor ihr stand. Wer war die Maria Magdalena? Sie war die Trägerin der Empfindungsseele der Menschheit. Sie war ein wirklicher, richtiger Mensch.[85]

Vor kurzem ist über Maria Magdalena ein Buch von Margret E. Arminger erschienen: «Die verratene Päpstin»[86], worin die Auffassung vertreten wird, 2000 Jahre

Männergeschichte hätten die Bedeutung der Maria Magdalena völlig abgewiegelt, sie in die Ecke gedrängt und verketzert. Man fragt sich: Wer oder was steckt dahinter, daß in den letzten 2000 Jahren diese Diffamierungen der Frauen geschehen sind?

Um darauf eine Antwort zu finden, müssen wir einen kleinen Umweg machen. Heilsam für die Familienkultur ist, wenn die Menschen wieder zu einer Mysteriengesinnung kommen. Aber aus der Situation unserer Kultur, die einen patriarchalisch-materialistischen Charakter trägt, muß diese Mysteriengesinnung zunächst durch das kosmisch-irdische Urwesen des Weiblichen gesucht werden. Es ist ganz unmöglich, aus der Situation der Gegenwart heraus die Mysteriengesinnung aus dem Männlichen zu entwickeln; das würde sofort ins Ahrimanische führen. Die Mysteriengesinnung muß durch das Weibliche des Menschen ganz allgemein gesucht werden, und dann erst kann auch das Mysterienwesen des Mannes gefunden werden, das auf seine Art nicht weniger interessant und wichtig ist. Das ist so, weil das Männliche erst mit der Erde begann. Vom alten Saturn über die Sonne und über den Mondenzustand bildete das Weibliche im kosmischen Werden etwas wie ein Gefäß, in dem das Männliche überhaupt erst begann. Seither entwickelt es sich zusammen mit dem Weiblichen in die Zukunft. Dabei müssen wir bedenken, daß der Mensch abwechselnd immer beides ist. Wir alle sind jetzt Männer oder Frauen, und das nächste Mal ist der jetzige Mann eine Frau und die jetzige Frau ein Mann.

Manchmal kann sich das gleiche Geschlecht wiederholen, aber laut Rudolf Steiner niemals öfter als sieben Male, und das komme sehr selten vor. In der Regel wechseln die Geschlechter aus gutem Grund ab, wir erfahren das Menschsein einmal weiblich, einmal männlich, wieder weiblich, wieder männlich. Und wenn wir uns dieser Tatsache genügend bewußt werden, entsteht in uns eine Stimmung, die den Geschlechterkampf als unsinnig erscheinen läßt.

Wir haben die Schilderungen aus der Geisteswissenschaft, übrigens auch aus anderen Mysterien, daß der Mensch in der Zukunft wieder nur ein Geschlecht sein wird, daß er seinesgleichen hervorbringt durch die schöpferisch gewordene Sprache, durch das Wort. Der Impuls der Sprachgestaltung muß sorgfältig gepflegt werden, denn damit beginnt eine Erziehung des Kehlkopfes, die in der Zukunft dazu führen wird, daß der Kehlkopf das Fortpflanzungsorgan der Menschen werden wird.[87] Wir dürfen uns das Männliche und Weibliche auch nicht zu eingeschränkt so vorstellen, wie wir heute sind.

Wenn wir zurückgehen in die Atlantis, sahen die Geschlechter noch sehr anders aus. Rudolf Steiner beschrieb sie so, daß der Mann mehr stierähnlich, die Frau mehr löwenähnlich gewesen sei. Und gehen wir gar in die lemurische Zeit zurück, so würden wir die mit magischen Kräften umgehenden Männer und die kulturell wirkenden Frauen für zwei ganz verschiedene Arten von Wesenheiten halten. Aus dieser ungeheuren Verschiedenheit heraus kommt es aber zu einer Annäherung, die immer weitergehen wird in die Zukunft hinein, bis wieder *eine* Menschenwesenheit entsteht. Erst damit wird der Schritt zur wirklich freien Individualität getan. Unser abwechselndes Inkarniertsein als Mann und Frau ist eine Vorbereitungsarbeit an unserer eigenen Individualität hin zu einer Zeit, wo diese Individualität wirklich autonom und selbständig ist.

Es ist interessant, daß in der Gegenwart Empfindungen dieses Vorgangs auftauchen, gerade auch bei Frauen, die in der Frauenfrage stark engagiert sind. In dem ausschließlich von weiblichen Theologinnen – evangelischer und katholischer Richtung – verfaßten Buch «Göttinnen und Priesterinnen. Facetten feministischer Spiritualität» schreibt die Mitherausgeberin Regina Sommer, eine evangelische Theologin mit einem Lehrauftrag an der Universität Marburg: «Auf lange Sicht wird es darum gehen müssen, den Geschlechterdualismus zu überwinden. Die visionäre Idee, daß es eines Tages vielleicht einfach nur Menschen geben könnte, findet sich auch im Christentum, im Galaterbrief: ‹Hier ist nicht Mann noch Frau.›»[88]

Nun gibt es aber jene erwähnte, böse Kraft, die genau das nicht will: der Sorat, der Sonnendämon, das Tier aus der Tiefe. Er will die Menschen nicht nur in der Geschlechtertrennung halten, sondern er will sie im Geschlechterkampf halten. Die menschliche Substanz soll sich in der dauernden Auseinandersetzung zwischen Mann und Frau erschöpfen. In diesem Zusammenhang weist Rudolf Steiner darauf hin, daß von der Gegenwart an der Kampf der Geschlechter, der Geschlechterkampf, überwunden werden muß.[89]

Man kann verfolgen, wie von dieser Sorat-Wesenheit bei ihrem ersten Auftreten 666 in der Akademie von Gondishapur die Diffamierung der Frau ausgegangen ist und durch die Geschichte weiter wirkte. Der Geschlechterkampf wurde angeheizt und dem Mann vorgegaukelt, er sei etwas Besseres und die Frau etwas Niederes. So wurde verhindert, daß Mann und Frau gemeinsam sich als Menschen, als Individualitäten empfinden.

Kehren wir zurück zur Königin von Saba. In der esoterischen Tradition wird überliefert, daß die Königin von Saba Salomo das Gefäß brachte, das später der heilige Gral wurde, und wir finden diese Szene auf manchen Abbildungen des Mittelalters dargestellt. Auf der «Anbetung der Heiligen Drei Könige» von Hieronimus Bosch trägt Melchior einen großen goldenen Helm, auf dem die Königin von Saba abgebildet ist, wie sie Salomo das Gefäß bringt. Ich habe sogar die leise Vermutung, daß der kleine Diener, der am Nordportal von Chartres unter der Königin von Saba sitzt und ein Gefäß hält, ebenfalls auf dieses Ereignis hindeuten soll. So könnte man zahlreiche Bilder mit diesem Motiv vorzeigen. Zu Rudolf Steiners Zeiten malte eine Künstlerin – unter Beratung von Rudolf Steiner – ein großes Bild, das für das Goetheanum bestimmt war, dann aber verbrannt ist: In der Mitte die Kreuzigung, links die Königin von Saba, die

Salomo den Gral bringt, rechts neben anderen Frauen die Jungfrau von Orléans.[90]

Es gab aber auch Strömungen, von denen die Königin von Saba als dämonische Erscheinung diffamiert oder ihre Existenz überhaupt negiert wurde, weil diese Kreise nicht wollten, daß in der Menschheit gesehen – nicht nur überliefert und verstanden, sondern erlebt – wird, wie durch die Sternenweisheit, durch eine Frau, das Gefäß gebracht wird, in dem das Blut Christi leben kann.

Mit der Königin von Saba sind wir auf die dritte große Charakteristik des Urweiblichen: «Jungfrau – Mutter – Königin» gestoßen. Was ist, esoterisch gesehen, eine Königin? Man hat das manchmal auf eine ganz bestimmte Formel gebracht und gesagt: Der König herrscht durch den *Willen* nach außen, die Königin herrscht durch das *Gefühl* nach innen. Dies klingt an das Urprinzip von Lemurien an: Die Männer beherrschen, gestalten die Natur durch ihren magischen Willen nach außen, die Frauen erziehen nach innen, bilden die Kultur, die Anfänge der Religion, die Anfänge der Kunst! Das ist das Prinzip der Weltgestaltung. So können wir sagen: Ein Priesterkönig verfügt über einen sakralen *Willen*, der von innen nach außen wirkt; die Priesterin-Königin verfügt über ein sakrales *Fühlen* von außen nach innen. Das gilt vom Kosmos bis in die Familie. Die Himmelskönigin, die den Kosmos seelisch nach innen verwaltet und gestaltet, bis hin zu einer Familienmutter, die in königlicher Art von außen nach innen die Familie gestaltet. Das ist noch anders als bei Jungfrau und Mutter! Die Jungfrau ist wie ein Gefäß offen für den Geist, solange sie unberührt ist, die Mutter hat gleichsam die Wendung nach unten, sie wirkt sozusagen durch ihr Muttersein hinein in die Welt. Die Königin macht aus beidem ein Neues, ein Drittes, sie faßt es zusammen: Weltgestaltung im Seelischen, im Geistigen, im Physischen. Man könnte auch sagen, es sei die sakrale Verwaltung der Lebensverhältnisse als Lebensqualität. In jeder Frau ist die Jungfrau, die Mutter, die Königin. Und das Königin- und Königsein – in diesem Sinne verstanden – sind Qualitäten, die bis in den Kreis der Familie hinein wirksam werden. Das männliche Element, der König, wirkt willenshaft nach außen; die Königin wirkt von außen nach innen, die Lebenssphäre gestaltend.

Das Gefäß, das die Königin von Saba gebracht hat, ist der Kelch, den Christus beim Abendmahl mit den Jüngern verwendete und in dem dann das Blut Christi, das vom Kreuz floß, aufgefangen wurde. Rudolf Steiner erzählte die Geschichte so weiter: Von einem großen Eingeweihten, den wir unter dem Namen Titurel kennen, wurde der Gral lange Zeit schwebend in der geistigen Welt gehalten, weil die Menschen noch nicht reif waren, ihn zu empfangen, bis dann etwa im 9. Jahrhundert im Norden Spaniens eine Stätte auf Erden zubereitet wurde, wo der Gral auf die Erde kam und wo die Gralsmysterien beginnen.[91]

Mancherlei Geheimnisse sind in diese Geschichte verwoben: Der Gral läßt sich nur von einer einzigen

Frau tragen: einer reinen Jungfrau, die von Wolfram von Eschenbach Repanse de Schoye genannt wird. In ihr können wir die wiedergekehrte Individualität der Königin von Saba erblicken. Einstmals brachte sie den Kelch zu Salomo; jetzt trägt sie den Kelch in die Gralsrunde. Viele, die sich mit den esoterischen Gralszusammenhängen beschäftigt haben, sind unabhängig voneinander – ich muß das von mir auch sagen – zu der Ansicht gekommen, daß in Titurel niemand anders zu sehen ist als der wiederverkörperte Melchisedek. Am Nordportal von Chartres blickt die Königin von Saba zu Melchisedek hinüber, der einen Kelch mit einem Stein oder Brot hält, und diese Darstellung haben schon manche als Hinweis auf die Gralsgeheimnisse gedeutet.

Wir können sagen, das Tragen des heiligen Gefäßes ist auch eine Königinqualität. Aber der erste junge Gralskönig, Amfortas, wird durch die finsteren Gegenmächte verwundet, der Einbruch der Sexualität findet statt – er wird «am Geschlecht verwundet», wie es unmißverständlich heißt –, und er siecht dahin, vergiftet, kann nicht geheilt, nur am Leben gehalten werden durch den Gral. In Zusammenhang mit dem heiligen Gefäß des Grals müssen wir auch von der Gralsgegnerschaft, von Klingsor und seinem furchtbaren Bündnis mit der bösen Göttin Iblis sprechen, das Rudolf Steiner als denkbar schlechteste Verbindung bezeichnet, die man in der okkulten Welt kennt.[92] Diese beiden wenden sich gegen den Gral, der dazu führen soll, daß die Fortpflanzungsgeheimnisse in die Reinheit des Geistes gehoben und vom Genius der Liebe getragen werden. Bei Wolfram von Eschenbach heißt es ganz unzweideutig, daß der junge Amfortas in «Liebesabenteuern» umherritt – aber Sexualabenteuer wäre wohl richtiger gesagt. Noch schlimmer ist, daß von diesen mächtigen, magischen Wirkungen des Klingsor-Iblis eine Vergiftung der ganzen europäisch-westlichen Menschheit ausgeht. Rudolf Steiner schildert im oben genannten Zusammenhang, daß im Menschen sich durch die Evolution etwas wie tote Stränge im Ätherleib und physischen Leib gebildet haben. Auf diesen Bereich richtete sich bis heute der Angriff Klingsors.[93]

Dies sind Mysterien der Widersacher, Mysterien der Finsternis, und doch müssen wir sie anschauen, denn in unserer Gegenwart beginnt schon die Apokalypse. Das Werk dieses großen Widersachers, des Sorat, ist die Vernichtung der Ichheit, und sein Werkzeug ist der Inbegriff aller fehlgeleiteten Weiblichkeit der Menschheit, und das nennt die Apokalypse die «Hure Babylon»:

«Da kam einer von den sieben Engeln, welche die sieben Schalen hatten, und sprach zu mir: Komm! Ich will dir das Urteil über die große Hure zeigen, die auf vielen Wasserströmen sitzt, mit der die Könige der Erde Unzucht getrieben haben und von derem unreinen Wein die Bewohner der Erde trunken sind. Und er führte mich auf dem geistigen Plane in eine Wüste. Da sah ich auf einem scharlachroten Tiere ein Weib sitzen. Das Tier war über und über bedeckt mit Namen der Geist-Verwünschung und hatte sieben Köpfe und zehn Hörner. Das Weib war mit purpurroten und scharlachroten Gewändern bekleidet, dazu mit Gold und Edelsteinen und Perlen glänzend geschmückt. Sie hielt in der Hand einen goldenen Kelch voll von Greuelgestalten und unreinen Wesen, die ihrer Unzucht entstammten. Und auf ihrer Stirn stand ein Name geschrieben, ein Mysterium: Die große Babylon, die Mutter aller Hurerei und aller Greuelgestalten auf Erden.»[94]

Es wurden mittelalterliche Stiche erwähnt, auf denen dargestellt ist, wie aus der Sophia ein Baum hervorwächst, auf dessen Blättern die Tugenden stehen, und oben sieht man Christus. Es gibt aber auch einen Stich mit einer Darstellung der Hure Babylon, die mit dem goldenen Kelch unten sitzt. Aus ihr heraus wächst der Baum aller Laster, in der Baumkrone hockt eine greuliche Weibsgestalt, sich die Brüste haltend, die Wollust, und aus ihr quillt ein Tierkreis der Urlaster der Menschheit hervor.

Man muß die Gewalt der Apokalypse ertragen, um erleben zu können, was eigentlich das Gegenbild ist. 1907, auf dem Kongreß der Föderation der europäischen Sektionen der Theosophischen Gesellschaft, zeigte Rudolf Steiner sieben große apokalyptische Siegel, wie sie aufs Rosenkreuz zurückgehen, aber aus der Apokalypse stammen. Sechs waren bekannt, es sind apokalyptische Bilder, aber das siebte war bisher unbekannt; es ist das Gralssiegel (siehe Abb.). Darauf sieht man einen durchsichtig viereckigen Kristall, das

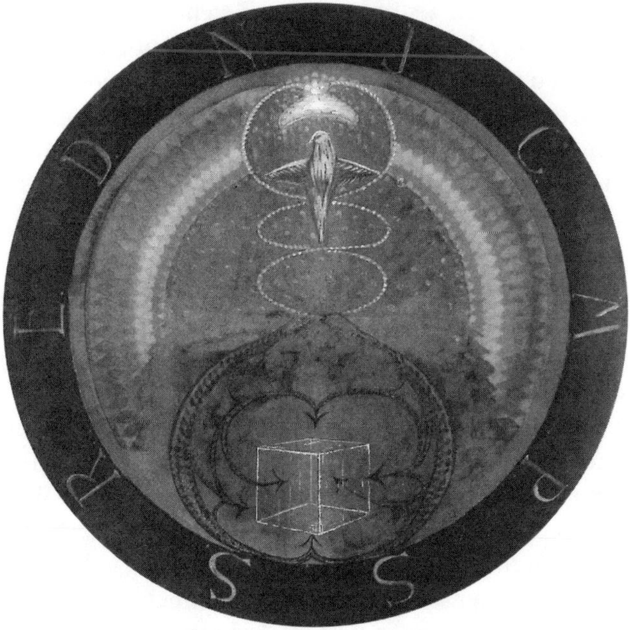

Das Siebte Siegel.
Die Sieben Apokalyptischen Siegel,
ausgeführt nach Entwürfen Rudolf Steiners (1907).

Bild des gereinigten physischen Leibes, und aus einer Umkränzung des Würfels kommen Schlangengestalten hervor, das Begierdewesen, das gereinigt wurde, aber nun aus sich selbst Merkurschlangen-ähnliche Gebilde hervorbringt, die von oben nach unten die Gralsschale, das Gralsgefäß bilden. Und unter dem Gralsgefäß die Taube des Heiligen Geistes. Um alles herum der Regenbogen, das Zeichen des Bundes Gottes mit den Menschen, und ganz außen die Rosenkreuzerworte. Es ist das Bild für das Neue Jerusalem, das Bild für das, was der Mensch eigentlich werden soll und werden kann, das Bild, das zeigt, daß eigentlich die ganze Erde ein Gralsgeschehen ist: die Bildung einer Hülle, die Bildung eines Gefäßes und die Erfüllung dieses Gefäßes durch die Christus-Wesenheit. Der Weg dahin führt uns durch ein weibliches, göttlich-irdisches Wesen, mit dem viele von uns verbunden sind: das Wesen Anthroposophia. Das ist ja ein weibliches Wesen!

Es hatte langer Vorbereitungen karmisch miteinander verbundener Menschen bedurft, damit am Beginn des vorigen Jahrhunderts in der geistigen Welt ein übersinnlicher Kultus stattfinden konnte. Nachdem durch Jahrhunderte die miteinander verbundenen Menschenseelen an der übersinnlichen Michaelschule teilgenommen und erlebt hatten, wie die alten Mysterien durch das Mysterium von Golgatha in die neuen Mysterien umgewandelt werden, fand über einen längeren Zeitraum, etwas über 30 Jahre, ein übersinnlicher Kultus statt. Durch diesen entstand aus dem Kosmos heraus das Wesen Anthroposophia – ein weibliches Menschenwesen, durchdrungen von der Wesenheit der Sophia, ein irdisch-göttliches Wesen, in dem, wenn der einzelne Mensch will, die Christus-Wesenheit leben kann. So wie der Christus damals in der Zeitenwende einen männlichen Leib brauchte, den Leib des Jesus von Nazareth, um auf Erden zu erscheinen, so braucht der Christus jetzt im Ätherischen ein weibliches Menschenwesen, um erscheinen zu können. Und dieses Wesen Anthroposophia ist zugleich in jeder Phase Ausdruck der Gralsgeheimnisse. Das steht schon in der «Geheimwissenschaft»: Die ganze Anthroposophie ist «Wissenschaft vom Gral», ist Gralsmysterium.[95] So ist jeder Satz in der Anthroposophie Christentum, ein neues Christentum.

Wir leben mit diesem Wesen, einem irdisch-kosmisch-weiblichen Gotteswesen, wie mit einem Menschen. Die Anthroposophia ist ätherisch überall, sie ist nicht an den Raum gebunden; ein Mensch kann sie in Argentinien, in Japan, in Deutschland oder in Frankreich fragen. Das Wesen ist da. Es ist bisher wegen unserer immer noch patriarchalischen Gesellschaft – nicht mehr materialistisch, aber doch noch sehr patriarchalisch – im Denken geprägt, weshalb wir nicht begreifen, daß diese Anthroposophia ein weibliches, göttlich-menschliches Wesen ist, dem wir uns nähern und das wir mit all den Qualitäten verstehen können, die wir in diesen Betrachtungen anzusprechen versuchten. Diese waren ja nur ein Teil dessen, was man das «Mysterium des Menschen» nennen kann. Und dieses Mysterium des Menschen war immer das Mysterium des Himmels und das Mysterium der Erde, das Mysterium der Götter und das Mysterium der Gegenmächte.

Anmerkungen

1 Siehe Rudolf Steiner, Die Tempellegende und die Goldene Legende (GA 93, 1979), S. 302, Anm. zu S. 33.
2 Tertullian und Hieronymus zitiert nach: Frankenberg, Das Weib ist nicht die Erde (Manuskriptdruck).
3 Rudolf Steiner, Zur Geschichte und aus den Inhalten der erkenntniskultischen Abteilung der Esoterischen Schule 1904–1914 (GA 265, 1987), S. 388.
4 Ebenda, S. 393.
5 Rudolf Steiner, Mythen und Sagen. Okkulte Zeichen und Symbole (GA 101, 1992), Vortrag vom 27. Dezember 1907, S. 225.
6 Rudolf Steiner, Zur Geschichte und aus den Inhalten der erkenntniskultischen Abteilung der Esoterischen Schule 1904–1914 (GA 265, 1987), S. 394.
7 Ebenda.
8 Rudolf Steiner, Aus der Akasha-Chronik (GA 11, 1973), S. 83.
9 Rudolf Steiner, Das christliche Mysterium (GA 97, 1981), S. 173.
10 Rudolf Steiner, Drei Perspektiven der Anthroposophie (GA 225, 1990), Vortrag vom 22. Juli 1923, S. 182.
11 Wolfram von Eschenbach, Parzival, 9. Buch, S. 464.
12 Siehe dazu zum Beispiel den Vortrag vom 19.9.1909, in: Rudolf Steiner, Das Lukas-Evangelium (GA 114, 1985).
13 Rudolf Steiner, Aus der Akasha-Forschung. Das Fünfte Evangelium (GA 148).
14 Rudolf Steiner, Aus der Akasha-Forschung. Das Fünfte Evangelium (GA 148, 1985), Vortrag vom 18.11.1913.
15 Ebenda.

16 Siehe dazu den Vortrag vom 18.11.1913, in: Rudolf Steiner, Aus der Akasha-Forschung. Das Fünfte Evangelium (GA 148, 1985), sowie den Vortrag vom 19.9.1909, in: Rudolf Steiner, Das Lukas-Evangelium (GA 114, 1985). – In diesem Vortrag sowie im Vortrag vom 20.9.1909 sind auch die Aspekte der Buddha-Wirkungen dargestellt, die hier nicht berücksichtigt sind.
17 Jesaia 7,14 (Einheitsübersetzung).
18 Guenther Wachsmuth, Bilder und Beiträge zur Mysterien- und Geistesgeschichte der Menschheit, Dresden 1938, S. 234.
19 Rudolf Steiner, Das christliche Mysterium (GA 97, 1981), Vortrag vom 11.2.1906.
20 Eine Zusammenstellung der wichtigsten Orte mit Figuren von Schwarzen Madonnen ist enthalten in: Ean Begg, Die unheilige Jungfrau, Bad Münstereifel 1989.
21 Zit. in: Klaus Schreiner, Maria: Jungfrau, Mutter, Herrscherin. München/Wien 1994, Kap. 6.
22 Ebenda.
23 Rudolf Steiner, Aus der Akasha-Chronik (GA 11), Kap. «Die lemurische Rasse».
24 Ebenda.
25 Ebenda.
26 Exodus 15/20–21 (Einheitsübersetzung).
27 Rudolf Steiner, Esoterische Betrachtungen karmischer Zusammenhänge, Dritter Band (GA 237, 1992), Vortrag vom 13.7.1924.
28 Alfred Baumgartner, Der große Musikführer: Alte Musik, München 1981.
29 Ebenda.
30 Rudolf Steiner, Der Mensch im Lichte von Okkultismus, Theosophie und Philosophie (GA 137, 1973), Vortrag vom 6.6.1912.
31 Mechthild von Magdeburg, Das fließende Licht der Gottheit, Stuttgart-Bad Cannstatt 1995.
32 Rudolf Steiner, Die okkulte Bewegung im neunzehnten

Jahrhundert und ihre Beziehung zur Weltkultur (GA 254, 1986), Vortrag vom 18.10.1915.

33 Mechthild von Magdeburg, Das fließende Licht der Gottheit, Stuttgart-Bad Cannstatt 1995, 21. Kap., S. 20.

34 Ebenda, 44. Kap., S. 31.

35 19. bis 23. März (1. Fest) und 13. Juni (2. Fest).

36 Rudolf Steiner, Das Verhältnis der verschiedenen naturwissenschaftlichen Gebiete zur Astronomie (GA 323, 1997), Vortrag vom 1.1.1921.

37 Philo, De fuga et inventione, III,118.

38 Ebenda.

39 Yves Gongav, Der Heilige Geist, Freiburg i. Br. 1982, besonders S. 424ff.: Die Mütterlichkeit Gottes und die Weiblichkeit des Heiligen Geistes.

40 Siehe Erich Neumann, Die große Mutter, Düsseldorf, 11. Aufl. 1997.

41 Rudolf Steiner, Der Zusammenhang des Menschen mit der elementarischen Welt (GA 158, 1980), Vortrag vom 14.11.1914.

42 Siehe dazu: Rudolf Steiner, Das Verhältnis der verschiedenen naturwissenschaftlichen Gebiete zur Astronomie (GA 323, 1997), Vortrag vom 10.1.1921.

43 Rudolf Steiner, Der Zusammenhang des Menschen mit der elementarischen Welt (GA 158, 1980), Vortrag vom 14.11.1914.

44 Ebenda, siehe auch Vortrag vom 15.11.1914.

45 Rudolf Steiner, Wie kann die Menschheit den Christus wiederfinden? (GA 187, 1979), Vortrag vom 29.12. 1918.

46 Rudolf Steiner, Esoterische Betrachtungen karmischer Zusammenhänge, Dritter Band (GA 237, 1975), Vortrag vom 13.7.1924.

47 Rudolf Steiner, Anthroposophischer Seelenkalender, Dornach 1987, Michaelistimmung.

48 Rudolf Große, Der Silberkessel von Gundestrup, Dornach, 2. Aufl. 1983 (vergriffen).

49 Offenbarung des Johannes 17/4 (Übersetzung Emil Bock).
50 Aristoteles, Nikomachische Ethik: «Tugend ist eine von vernünftigen Einsichten geleitete menschliche Fertigkeit, die mit Bezug auf den Menschen die Mitte hält zwischen dem Zuviel und dem Zuwenig.»
51 Siehe dazu den Vortrag Rudolf Steiners vom 29.7.1906 in: Das christliche Mysterium (GA 97, 1981). Außerdem: Emil Bock, Cäsaren und Apostel, Stuttgart 1983, Kap. Gralsburg und Klingsorburg.
52 Siehe: Rudolf Steiner, Esoterische Betrachtungen karmischer Zusammenhänge, Dritter Band (GA 237, 1992), Vortrag vom 13.7.1924.
53 Rudolf Steiner, Geisteswissenschaftliche Erläuterungen zu Goethes «Faust», Band II (GA 273, 1981), Vortrag vom 10.12.1916.
54 Faust I, 2425.
55 Manfred Schmidt-Brabant, Die sieben Stufen der Einweihung, Dornach 1996.
56 Rudolf Steiner, Geisteswissenschaftliche Erläuterungen zu Goethes «Faust», Band II (GA 272, 1981), Vortrag vom 30.5.1915.
57 Faust II, 12 110 – 12 111.
58 Gershom Scholem, Ursprung und Anfänge der Kabbala, Berlin 1962, II, 8: Die Schechina und das Weibliche.
59 Rudolf Steiner, Die Geschichte und die Bedingungen der anthroposophischen Bewegung im Verhältnis zur Anthroposophischen Gesellschaft (GA 258, 1981), Vortrag vom 10.6.1923.
60 Sylvia Cranston, H. P. B., Leben und Werk der Helena Blavatsky, Begründerin der Modernen Theosophie. Adyar/ Satteldorf 1995.
61 Ihre Schwester Nadja schreibt: «In den ersten acht Jahren sandte sie ihrer Familie mütterlicherseits kein einziges Lebenszeichen, weil sie befürchtete, daß ihr gesetzlicher ‹Herr und Meister› [Blavatsky] sie aufspüren könnte! Ihr

Vater wußte als einziger, wo sie war.» (Sylvia Cranston, s. Anm. 61, S. 73.)

62 Rudolf Steiner/Marie Steiner-von Sivers, Briefwechsel und Dokumente 1901–1925 (GA 262, 1967, S. 16).

63 Die Geschichte und die Bedingungen der anthroposophischen Bewegung ... (GA 258, 1981), Vortrag vom 12.6. 1923.

64 Ebenda.

65 Rudolf Steiner, Zur Geschichte und aus den Inhalten der ersten Abteilung der Esoterischen Schule 1904–1914 (GA 264, 1984), S. 450f.

66 Ebenda, S. 205, und Vortrag vom 14.3.1904 in GA 266/1.

67 Rudolf Steiner, Anweisungen für eine esoterische Schulung (GA 245, 1979), «Exegese zu ‹Licht auf den Weg› von Mabel Collins».

68 Ebenda, S. 136.

69 Ebenda.

70 In: The Occult Review, May 1913: «Some Views of Dr. Rudolf Steiner on Human Evolution».

71 Hella Wiesberger, Marie Steiner-von Sivers. Ein Leben für die Anthroposophie. Dornach 1988.

72 Rudolf Steiner, Mein Lebensgang (GA 28), Kap. XXXIV.

73 Marie Steiner, Aus der Geschichte unserer Gesellschaft vor vier mal sieben Jahren, in: Rudolf Steiner, Bilder okkulter Siegel und Säulen, Der Münchner Kongreß Pfingsten 1907 und seine Auswirkungen (GA 284/285, 1977), S. 97f.

74 Rudolf Steiner/Marie Steiner-von Sivers, Briefwechsel und Dokumente 1901–1925 (GA 262, 1967, S. 10/11).

75 Lukas 11,31 (Übersetzung Emil Bock).

76 Patrologia Latina, 83. Bd., Kap. 112.

77 Rolf Beyer, Die Königin von Saba, Bergisch Gladbach 1987, S. 35.

78 Rudolf Steiner, Zur Geschichte und aus den Inhalten der erkenntniskultischen Abteilung der Esoterischen Schule 1904–1914 (GA 265, 1987), S. 365–445.

79 Rudolf Steiner, Zur Geschichte und aus den Inhalten der erkenntniskultischen Abteilung der Esoterischen Schule 1904–1914 (GA 265, 1987), S. 395.

80 Ebenda.

81 Moses I, 6,4.

82 Zit. nach: Rudolf Steiner, Zur Geschichte und aus den Inhalten der erkenntniskultischen Abteilung der Esoterischen Schule 1904–1914 (GA 265, 1987), S. 436.

83 Siehe Rudolf Steiner, Die Tempellegende und die Goldene Legende (GA 93, 1979), Vortrag vom 4.11.1904.

84 Rudolf Steiner, Das Johannes-Evangelium (GA 103, 1981), Vortrag vom 31.5.1908.

85 Siehe: Rudolf Steiner, Menschheitsentwickelung und Christus-Erkenntnis (GA 100, 1981), Vortrag vom 20.11. 1907.

86 Margret E. Arminger, Die verratene Päpstin. Maria Magdalena – Freundin und Geliebte Jesu, Magierin der Zeitenwende, München 1997.

87 Rudolf Steiner, Natur- und Geistwesen – ihr Wirken in unserer sichtbaren Welt (GA 98, 1983), Vortrag vom 5.11.1907.

88 Donate von Pahnke/Regina Sommer (Hrsg.), Göttinnen und Priesterinnen. Facetten feministischer Spiritualität, Gütersloh 1995.

89 Siehe Rudolf Steiner, Die Tempellegende und die Goldene Legende (GA 93, 1979), Vortrag vom 2.1.1906.

90 Siehe: Margarethe Hauschka, Das Triptychon «Gral» von Anna May. Aufsatz in: Das Goetheanum, 54. Jg. Nr. 24, Dornach, 15.6.1975.

91 Rudolf Steiner, Perspektiven der Menschheitsentwickelung (GA 204, 1979), Vortrag vom 16.4.1921, sowie: Manfred Schmidt-Brabant, Sternenwege, Von den alten zu den neuen Mysterien …, Dornach 1996.

92 Rudolf Steiner, Die Mysterien des Morgenlandes und des Christentums (GA 144, 1985), Vortrag vom 7.2.1913.

93 Ebenda.

94 Offenbarung des Johannes 17,1–5 (Übersetzung Emil Bock).
95 Rudolf Steiner, Die Geheimwissenschaft im Umriß (GA 13, 1977), S. 406f.